直面创业问题

创业者快速学习的行动指南

［美］兰迪·科米萨　詹通·赖格尔斯曼◎著　　周昕　王莉◎译

STRAIGHT TALK
FOR STARTUPS

ZHEJIANG UNIVERSITY PRESS
浙江大学出版社

图书在版编目(CIP)数据

直面创业问题：创业者快速学习的行动指南／（美）兰迪·科米萨，（美）詹通·赖格尔斯曼著；周昕，王莉译. —杭州：浙江大学出版社，2019.5

书名原文：STRAIGHT TALK FOR STARTUPS：100 Insider Rules for Beating the Odds--From Mastering the Fundamentals to Selecting Investors，Fundraising，Managing Boards，and Achieving Liquidity

ISBN 978-7-308-19063-3

Ⅰ.①直… Ⅱ.①兰… ②詹… ③周… ④王… Ⅲ.①创业—指南 Ⅳ.①F241.4-62

中国版本图书馆 CIP 数据核字（2019）第 064633 号

STRAIGHT TALK FOR STARTUPS，Copyright © 2018 by Randy Komisar and Jantoon Reigersman.
Published by arrangement with HarperBusiness，an imprint of HarperCollins Publishers.

浙江省版权局著作权合同登记图字：11-2019-36

直面创业问题：创业者快速学习的行动指南

（美）兰迪·科米萨　（美）詹通·赖格尔斯曼　著
周　昕　王　莉　译

策　　划	杭州蓝狮子文化创意股份有限公司	
责任编辑	黄兆宁	
责任校对	杨利军　程曼漫	
封面设计	张志凯	
出版发行	浙江大学出版社	
	（杭州市天目山路 148 号　邮政编码 310007）	
	（网址：http://www.zjupress.com）	
排　　版	杭州林智广告有限公司	
印　　刷	杭州钱江彩色印务有限公司	
开　　本	880mm×1230mm　1/32	
印　　张	8.625	
字　　数	165 千	
版 印 次	2019 年 5 月第 1 版　2019 年 5 月第 1 次印刷	
书　　号	ISBN 978-7-308-19063-3	
定　　价	58.00 元	

献给所有让世界变得更美好、
更有趣的离经叛道者。

特别纪念两位非凡的离经叛道者：
比尔·坎贝尔和汤姆·帕金斯。

　　如今层出不穷的创业活动会让你印象深刻。 二战后，那些只在美国政府资助下才能开展的研发项目已在全球遍地开花。 30 年前，企业家只是个打破旧观念的稀有群体，这些嬉皮士为寻求个人专属的技术乌托邦，引领了第二次硅谷浪潮（第一次硅谷浪潮由英特尔和美国国家半导体公司等企业引领，"硅谷"因此得名）。 与如今这批老谋深算、动辄花费 10 亿美元而非百万美元的创业者相比，当年天真到两眼放光的卖花少年们只是理想主义者而已。 硅谷目前仍是创业标杆，但纵览全球，创业活动早已风生水起： 斯德哥尔摩、柏林、剑桥、伦敦、特拉维夫、班加罗尔、海得拉巴、北京、上海等城市都已涌现大批创业新军，类似例子不胜枚举。 没人可以垄断创新，哪里有聪明人，哪里就有发明创造。 因此，发明创造无处不在。 甚至"硅谷"本身就是一个谬称，从圣何塞北部的果园开始，旧金山湾和奥克兰的发明创造如火如荼。 当然，创业不只是发明，还是在有限资源条件下通过创新来制造市场价值的最佳实践。 尽管世界上其他地方正以惊人速度缩小差距，但硅谷仍是领头羊。

这种现象是缘于风险投资？ 是的，但是……之所以加个"但是"，是因为资本只能遵循机会而不能创造机会。 随着百度、阿里巴巴、Skype 和 Spotify 等其他企业不断展现出巨大经济成果，投资者自然蜂拥而至。

这种现象是出于人们对风险的态度？ 可能……之所以加个"可能"，是因为 70 多年来，硅谷已形成了对失败的建设性观点： 因为成功是无法被任何人掌控的，因此商业失败不应该受到惩罚，除非你的失败是由于愚蠢、懒惰或犯罪；这其中最大的好处是，它允许你把来之不易的经验运用到下一项事业中。 而在其他多数商业文化中，失败一次就很难东山再起。 当然，说不定中国、以色列、瑞典及其他地方的企业家反而比较适应严酷的商业文化。

这种现象是由于经验丰富的人才？ 是的，还有……之所以加个"还有"，是因为来硅谷寻求财富的人不仅包括全世界最优秀的人才，还包括本土成功人士培养的一代代新企业家。 欧洲企业家在功成名就后可能会匆忙退居法国南部；但在硅谷，更多赢家选择转型为天使投资者、风险投资家、董事会成员、顾问、教练和导师。

随意走进沙山路①的一间风险投资办公室，你会看到一个穿着勃肯

---

① 硅谷地名,风投公司聚集地。

凉鞋、头发灰白、身材瘦长的家伙坐在桌边，旁边是个穿着随意的年轻女人。 这很可能是一名企业家正从导师那里接受直接指导，而这位导师曾经走过同样的道路。 他可能已经足够富有，不在乎这次会面是否能得到报酬，但希望能与新一代有抱负的企业家分享经验教训，以此保持自己的江湖地位。

你会不会觉得其他人都知道一些事情，但就是不告诉你？ 有没有感觉到无论自己离金钱、天赋和智慧的源泉有多近，却总是没法走进这扇门？ 帮助企业家快速度过这种混乱阶段就是硅谷的一大优势。这些并不是什么大问题——无非就是经验、交易技巧和赢家分享的智慧。 但不知何故，竞争者无法企及的根源就在于此。

这就是我们写这本书的原因。

过去 45 年来，我们有幸位于世界发展的前列。 自 2005 年以来，我便在声名显赫的风险基金公司凯鹏华盈担任合伙人。 30 多年前，作为一名律师和企业家，我在硅谷开始了职业生涯。 多年来，我还算是全面发展——企业家、资深 CEO 和投资者三类角色都尝试过。 我的职业生涯跨越数十载，从专长于技术法的私人法律业务开始，后来陆续担任苹果公司的高级法律顾问、Clairs 公司的联合创始人和副总裁、Go Corp 的 CFO 和副总裁、卢卡斯娱乐业和晶体动力公司的 CEO。我投资并参与了数十家创新型初创企业的董事会，如 WebTV、TiVo、RPX 和 Nest 等，当然还有诸多社会企业。 20 世纪 90 年代，我创造了"虚拟 CEO"角色，与创新型创始人合作，帮助他们成长为领导者，并将他们的想法运用到企业中。 我还写了《僧侣与谜语》（*The Monk and the Riddle*）一书，与人合著了《转向 B 计划》（*Getting to Plan B*）和《我爱死了那家公司》（*I Fucking Love That Company*）。 过去 10 年的大部分时间里，我在斯坦福大学教授企业家课程。

大约 10 年前，詹通空降硅谷，担任一家企业的高管。 职业生涯早期，他曾是摩根士丹利的并购团队的投资银行家，以及高盛银行欧洲特殊集团的投资者和成员。 正是出于对硅谷自由思想的向往，他来到这里。 然而，很快他意识到，虽然梦想和创新意识是在硅谷取得成功的基础，但如果没有出色的执行力，一切都是徒劳。 他注意到，很多企业家忘记了前辈们的惨痛教训，一遍遍重复错误的做法。 他那时尽管身处一个经验老到的董事会，拥有来自风险基金、战略投资者和主权财富基金的数亿美元投资，但由于创始人、管理层、投资者和董事会之间缺乏协调，经营纪律出了问题，詹通最后还是遭受了失败。

我与詹通的初次见面是在凯鹏华盈举办的一次活动中。 当我了解到他在两个工作的间隙攀登了两万多英尺（约 6096 米）高的山峰，潜入过 500 英尺（约 152.4 米）深的海底，我们很快成为朋友。 每次詹通来城里，我都会跟他聚聚，听听他最近的冒险经历，但不可避免地，我们每次都会回到商业话题上来。 具体来说，我们经常谈到那些风险投资和初创企业董事会正在发生些什么。 詹通觉得自己是了解规则的，但某些时候董事会却总是针对他。 他不信聪明人会做蠢事，所以经常反省自己到底忽略了什么。

　　聊天常常由此转向自由辩论、心理逻辑分析和财务取证。 詹通很快有所领悟，就像看到了阴影背后的一束光线。 随着他对风险投资业务、董事激励和投资数学了解的增多，事情开始变得更加明朗。

　　詹通也与风险投资先驱之一的汤姆·帕金斯建立了密切关系。 在我看来这并不奇怪，因为汤姆总是喜欢自由思想者、冒险者和反传统者。 他是硅谷的传奇人物，其职业生涯历经企业家、高管和风险投资者多个角色，后者表现尤为出色。 1972 年，汤姆和联合创始人尤金·克莱纳成立了凯鹏华盈公司。 他们联合创建的这家公司后来为世界上最重要的一些创新企业注入了活力——包括谷歌、亚马逊、Nest、财捷集团、网景、太阳微系统、康柏、Tandem、基因泰克等诸多企业均有受益。 汤姆成为詹通的导师后，根据自己在创业公司和风投公司内部的多年运作经历，对后者教益良多。

　　在汤姆所处的时代，企业家和投资者致力于发展持续性业务。 因市场强调价值基础，他们的选择非常有限，并没有快速成功的捷径。因此，汤姆不得不撸起袖子，投入长期工作以建立持续的价值。 他与自己所投资的企业家共同进退，并直接协助决策和执行。 对创始人们来说，他是一位兢兢业业、经验老到的合作伙伴。

　　今天，尽管有大量风险资本可以利用，企业家们却没能得到及时的实际帮助和指导。 许多董事长和投资者缺乏相关运营或创业经验，满足于扮演被动角色。 金融业的各个领域——从对冲基金、养老基金、私人股本公司到大学、家族基金会和外国政府——都在追逐那些价值 10 亿美元级别的独角兽①。 许多风险投资家因荒谬的预测和声明（尤其是那些通过社交网络和极端媒体发布的）而臭名昭著，但却不需要对其言论产生的结果负责。 投资者和董事的出尔反尔也扰乱了理性的行为。

长此以往，创业精神或许会发展成另一种时尚，或许会演化为一种生活方式，却绝对无法保留曾经的激情。 当被问及创业计划时，许多年轻人都说自己想成为企业家，但并不真正了解其需要具备哪些条件。 他们被兜售了这样的想法： 所谓的企业家意味着免费的食物、无人监督的工作、开放的办公室、充满乐趣的友情及千载难逢的机会。但成为一名企业家并不只是关于生活，还关系着一项艰巨的工作： 要实现有意义的创新，并据此创造出有价值的企业。 仅有想法是不够的，知道如何将想法变成现实才是最重要的，这也正是本书的主旨所在。

公众时常关注企业家的诸多失误，这是人之常情。 企业家的错误和过失不仅影响他们自己，还可能影响到其他数百万人的生活，可能使投资者损失数千万甚至数亿美元。 如果有人开一辆破本田去学驾驶，回来时车子会被撞得伤痕累累；而如果他开法拉利去学驾驶，结果恐怕相同，而且也没人会感到意外。 但是，后者的修理费要贵得多，后果也要严重得多。 当今的企业家无法奢求借助反复试验在摸索中学习，他们需要借助的是经验和智慧，而且希望这样的帮助尽早

---

① 一般指估值 10 亿美元以上且创办时间相对较短的公司。

到来。

这就是为什么我们接下来会对企业家给出建议。 在这里，我们会分享过去几十年中以两种身份——最初是寻求建议的企业家，现在是给那些真理追求者们答疑解惑的导师——积累下来的"秘密"和经验法则。 你可以把本书当作行动手册，通过理解风险投资者和董事长的真正想法，成为他们更好的合作伙伴。 我们希望这能加速你的学习，避免走进一些死胡同。

本书涵盖了每位企业家都会面临的一系列问题，尤其是在创业初期的计划和推介、投资者和董事会成员的确定、资金的流动性、管理及运营等方面。 尽管市面上已有很多与创业相关的书籍，但我们把所有这些内容和经验浓缩成了最基本的 100 条法则。 你可能或多或少接触过其中一些话题，但只要不是资深企业家，就肯定还没把这一切整合为连贯的行动计划。 而如果你想胜出，就必须熟练掌握企业家面临的所有问题。 本书将帮助你做到这一点。

虽然我们把这些见解命名为"法则"，但我们也深深知道，世界上并没有什么死板规定可以放之四海而皆准，因为情况总是各不相同。尽管如此，这些创业经验既经过实践的检验，也经过时间的考验。 它们不仅是几条良好的建议，还是高明的指导原则。 你可以学习它们、理解它们、检验它们，甚至打破它们——但不要忽视它们。 它们会帮你撑过艰难逆境，也会让你在顺境中更加强大。

本书分为五部分： 掌握基本原理、选择合适的投资者、理想的融资、建立和管理有效的董事会、变现——这些领域可以通过一些有效的老办法得到改进。 本书借鉴了三代人的创业经验，把对读者直言不讳和透露内幕作为全书的使命。 每当你需要指导时，翻开它以任何顺序阅读均可。 无论你是企业家、经理、投资者、董事还是普通商学院的学生，本书都会是一个引人入胜的剧本。 它会向你揭示幕后到底发生了什么，告诉你如何掌控企业并击败竞争对手。

Part 1 掌握基本原理

Part 2　选择合适的投资者

Part 3 理想的融资

Part 4　建立和管理有效的董事会

Part 5　变现

Straight

PART 1

掌握基本原理

Talk

▼

For Startups

　　第一部分阐述了准备启动业务计划、获得最佳资金及聘请最有效的董事会成员来帮助、支持企业完成企业使命的基本原则。

　　许多教材和手册旨在教授创业精神，而我们把注意力集中在基本问题上，也就是创业中最关键的事情。比如，创建两个财务计划而非一个，雇用兼职专家而不是全职实习生，知道评估的方法及过早评估的陷阱，明确单位经济效益和流动资金的重要性等。初创公司需要了解的事情很多，但我们希望你能记住一些关键法则。

　　我们撒了一张大网，随便列举几个话题：用财务数据说故事、最小化干涉管理、程序化招聘和利用失望情绪等。或许你很了解创业，在Twitter（推特）上狂热追随过见解独到的聪明投资者和创始人。或许你已经到了第二个阶段，知道谁得到了资助和出现了什么新鲜想法。你可能对一个或多个创业领域——工程、金融、运营、管理、营销或销售——有深刻了解。但是，除非你已在业界待了很长时间，跟Twitter上那些名人熟到称兄道弟，否则你很可能还没机会完全了解孰轻孰重。这里，我们将专注于传授精华技巧，为你的脱颖而出打下坚实基础。

法则 1

创业从未如此简单，
成功从未如此艰难

每当企业家说出这种陈词滥调，我们都会看到那些想创业的人们两眼都放光了。不幸的是，在他们为创业简单而庆幸之余，似乎完全忽略了后半段：成功如此艰难。这有点像学一门新语言：掌握了"你好"和"再见"，就得面对晦涩的语法规则了。开始很简单，成功很难。本书要说的就是怎样把困难的问题变得简单。

那么，开始创业为什么容易呢？首先，在几大创新中心，特别是硅谷，风险资本十分充足。自 2008 年金融危机以来，全球利率一直低迷。这意味着，饥肠辘辘的投资者不得不进入那些原本预留给初创企业投资者的风险领域。主权基金、增长基金、私募股权基金和战略公司投资者都在追求更高回报，却忽略了其中的风险。此外，还有新兴的天使投资者，他们拥有很多资金的自由支配手段。这往往是由于他们自己创业取得了成功，因此相对随意地为新的创意撒点钱。这么多驱动力可能会让专业投资者感到担心，但对企业家来说是个积极的发展态势。随着资金来源大量增加，融资变得比以往任何时候都更容易，交易条款也越来越有利于企业家。

那么，为什么成功更难了呢？ 更多的资金带来了更多的初创公司，市场竞争越来越激烈——不顾一切的竞争助长了"非盈利增长"之类的非理性行为。 非盈利增长是指产品或服务的定价低于实现营业利润所要求的价格——比如10美元送货上门的即食食品，其配料成本5美元、准备成本3美元、包装成本3美元，再加上送货成本5美元。 哪怕是路边摆摊卖柠檬水的小孩子，都能看出这种商业模式很愚蠢。 但这么做的目的在于比竞争对手更快赢得更多忠诚客户，在增加客源的同时缓慢地降低成本和提高价格。 问题是，一旦有家企业走上这条路，将风险资本用于吸引那些只为免费食物而来的顾客，那么所有竞争对手都会效仿。 鉴于一方或多方已筹备了足够的竞争资金，做好准备不惜让企业出现一段时间的赤字，那么大量资金就会被浪费。 再加上几乎任何新想法都会很快有人模仿，无怪乎竞争变得越来越激烈，商家也越来越无利可图。

招聘也越来越困难，越来越昂贵。 员工越来越像自由代理人而非可以并肩的战友。 上班第一天他们就更新领英个人资料，随时准备在你出现最轻微失误的时候加入竞争对手的公司。 办公场所既稀缺又昂贵。 而那些经验丰富的导师和董事，那些只要引起他们关注就能帮你驾驭这一切的人，都已经忙到了极点。

因此，尽管创业很容易，但随着投资者押注于趋势而非实际情况，竞争的加剧会让资金和人才分布变得越来越分散。 当然，如果懂得规则，理解每个人的动机和独特利益，你仍有可能获胜。

法则 2

尽量表现正常

对企业家来说，没有什么是正常的。不轻易拒绝或离开一份待遇优厚的工作，不把所有精力投入别人可能持怀疑态度的想法上，完全忽略身边的亲朋好友，这是正常的。睡在桌子下面的蒲团上，靠在箱子边喝能量饮料，吃一些令人作呕的合成食品，这些都不是正常的，因为一整天下来，你总会觉得时间不够，有些事没做好。抑或是为了确保没有被竞争对手赶超而过分焦虑地回头观望，为了梦想或心愿而甘愿牺牲职业和生计当然也不正常。企业家们每天都要疯狂地给自己洗脑，他们对所有那些击败正常人的力量都是免疫的，坚信自己能够在许多人失败的地方取得成功。

风险投资者从事着世界上最伟大的工作之一。他们坐在桌子对面，面对着充满激情并对未来抱有无限幻想的陌生人。企业家告诉他们一个想都不敢想的未来，以及怎样用一些钱、几个人才和一点点运气来实现那种未来。（事实上他们通常不谈运气，不过我们知道这还是挺重要的。）然后，投资者选择由哪些"疯子"来加入他们的旅程。

伟大的企业家野心勃勃，热爱竞争。他们无法控制自己。如果能和他们一起追逐梦想，为成功扫除明显障碍，那就很好了。改变世界的一般都是"疯子"，而不是正常人。

一切奉承谄媚的媒体和震耳欲聋的炒作好像坚持认为所有人都应该辞去日常工作，去当企业家，所以你可能以为人人都能创业。如果《毕业生》这部经典电影是今天拍的，达斯汀·霍夫曼①这一角色会被建议去成立初创公司，而不是塑料公司。

不过，在遇到潜在的投资者和战友时，你必须努力表现得正常些。在跟他们很熟之前，不要让他们知道你是那种极度渴望改变世界的珍贵"疯子"之一。相信你也不想一开始就吓跑他们。

企业家，都不是正常人。

---

① 美国著名男演员、导演。

法则 3

谋求跨数量级的改进

要挑战现状，就必须给人们一个改变习惯的理由。 你面临的最大挑战将是客户的因循守旧，他们往往会满足于"足够好"。 事实上，一个新企业想要成功，需要在市场或产品的某些方面带来至少 10 倍的改进，我们称之为"跨数量级"贡献因子。 然而 10 倍只是个最小值，100 倍显然更好。

如果不是瞄准一个跨数量级的目标，那就不太可能说服投资者和客户给你一次机会。 那么，哪些方面需要改进 10 倍呢？ 要看你做什么生意。 如果你的产品旨在提高市场上另一种产品的性能，请尝试进行跨数量级的改进以吸引客户兴趣。 如果你希望通过降价方式来主导一个现有市场，那么制订一个计划，最终在客户价值主张方面做出跨数量级的改进。 请记住：客户与你素不相识，他们跟你的投资者和员工一样，需要一个很好的理由来做出改变。 在盲目的跟风投资热潮中，这一基本规则已被忽视太多次。 而且，要实现 10 倍的改进并不容易，如果你做不到，在进入一片红海①之前请三思而行。

谋求跨数量级改进的另一好处在于它提供的是一个宽广而非狭窄的靶心。如果想用一个仅仅是还不错的创新来达成艰难的目标，你很可能一次都成功不了。而如果对着一个跨数量级的目标有的放矢，那么即便射偏一半，你或许仍未出局。

---

① 与"蓝海"相对，泛指竞争激烈的市场。

法则 4

从小做起，但要保持雄心

最著名、最有影响力的企业家都有大胆的野心。他们设想自己的创新会推动世界级变化，带来巨大机遇。但除非你有幸拥有迈达斯公司①那么好的历史纪录，否则很可能无法一次整合所有所需资源来追逐整个梦想。为了适应环境并取得成功，你必须在每个关键时刻集中有限资源来实现"令人信心倍增的进步"（计划中指引你走向成功的正确核心假设），直到你能向利益相关者证明自己的业务正开足马力，只要加点燃料就能到达目的地。

如果你是 1997 年的里德·哈斯廷斯②（Reed Hastings），想把自己工作室制作的视频传给全球观众，以此改变家庭娱乐产业，但面对缓慢低质的互联网及占主导地位的有线和广播内容传输商，如康卡斯特电信公司和美国全国广播公司等，你会尝试向投资者兜售这个愿景吗？或者你会不会强化自身优势，用创新的会费服务去冲击产业链中巨大而脆弱的环节——数字化视频光盘零售经销商百视达公司？当百视达提出收购要求时，你会卖掉公司吗？或者，随

---

① 美国连锁汽车修理公司。
② Netflix 公司创办人、总裁和董事会主席。

着网速和服务质量的提高，你会转向在互联网发布现有电影库的策略吗？

14年后的2011年，哈斯廷斯最终决定把所有注意力放在这个大主意上，并与视频光盘会员业务彻底决裂，他把这个主意命名为Qwikster，以区别于Netflix之前提出的在线娱乐颠覆模式——客户还没准备好，他明智地退一步。通过一步一步脚踏实地的努力，最终，Netflix实现了这个愿景，其提供的内容服务也赢得了诸多大奖，被业界誉为给全球观众提供高质量家庭娱乐服务的革命先驱。Netflix已经为此花费了数十亿美元，哈斯廷斯没有在1997年就为这么古怪的一个想法去筹集资金，所以说Netflix并没有赶在技术发展、客户行为演变及竞争格局变化之前。相反，它成功地做好了实体分销、在线分销、内容创作和全球扩张，使得每个机会都变得非常成熟。耐心、专注和坚韧最终得到了回报。当然，还要加上对时间的精准把握和一点点运气。

即便是有幸掌握了实现伟大创意所需资源的企业家，也需要调整自己的步伐，测试基本假设，有条不紊地消除风险。欲速则不达，着急只会浪费时间和机会。事实上，企业家们应该经常采用低成本方式提前测试想法，以保证方向正确、想法确实有效。

如果快速成长基于未经检验的假设，那么你就有可能把资源浪费在错误的方向和错误伙伴的不成熟承诺上，从而导致创新脱轨。在加倍努力追逐梦想之前，应当消除关键风险。

法则 5

多数失败源于执行不力，
而非创意糟糕

很多人把运气和技能混为一谈。 我们在找不到原因的时候总是倾向于自我吹捧。 技能和机会的差异主要在于可重复性。 你需要让自己和利益相关者感到满意，证明自己有能力随时呼风唤雨，而不是只在多云和黑暗时才行。 是那些专业领域的才能、组织能力和专业知识让你能够成为一名医生，而不是巫医。 我们看到过很多设计糟糕的游艇，船员懒散，船长无能，但仅仅因为风向正确，知道如何使用船舵和船帆，就能抵达港口。 这些人很幸运地能在合适的市场环境中工作，但这并不意味着他们是优秀的领导者、经理或创新者。 火鸡也能在风口飞起来①，坏掉的时钟一天总有两次报时是准确的。

时机至关重要。 即使对市场判断正确，但如果处在错误的时机，同样也会失败。 我认识一位风险投资者，他每次听到新的商业想法，总是觉得"10 年前我就有了这个想法"。 嗯，很好，但

---

① 原文如此，大致相当于中文里面的"风口的大象"。

这想法要是放在 10 年前，几乎必败无疑。 因为成功所需的市场条件在当时还不存在，而现在才是唯一的重要时刻。 你能否在今天的市场上以合适的价格交付具备显著特征的产品，并准备为满足需求而改进必要的分销渠道？ 如果可以，你就准备好了。

史蒂夫·乔布斯（创业恐怕必须谈及乔布斯）是市场趋势的神谕大师，他有一种非常重要却不太受欢迎的能力，即从不提前发货。 1997 年乔布斯回到苹果公司时，做的第一件事就是终止牛顿项目。 该项目是约翰·斯卡利（苹果公司的前 CEO）的目标，旨在为手持通信器提供手写识别和在线连接业务。 多年来，这个项目一直垂死挣扎，技术上没有特色，价格和性能上也有所欠缺。

意识到愿景和能力不匹配后，乔布斯正式终止了这个项目。但他留下了像托尼·法德尔及其助手马特·罗杰斯（后来两人共同创立了 Nest）那样的人才。 他们首先把 iPod 瞄准数字音乐市场。技术和内容方面已没有问题，乔布斯可以主导便携式音乐播放器市场，同时继续创新无处不在的便携式连接设备概念。 10 年后，苹果公司推出了 iPhone，这是自牛顿计划以来的一次飞跃，使得技术和电池最终具有成本效益，而且市场已能接受把娱乐设备放在口袋里。 通过增加手机的收音机功能和智能触摸界面，乔布斯终于具备了所需条件来实现通信联网的承诺。

从苹果的行动计划可以看出，创业成功非常简单，只需六个重要的发展阶段。 但简单的计划很难执行，它们需要严格的纪律。

你很容易对自己的愿景得意忘形，并超前执行，把赌注全押在假设上，从而带来不必要的风险。 当创新被证明具有挑战性，但结果却令人失望时，如果你愿意学习并快速改进方法，这些挫折不一定就是"失败"。 停止尝试或耗尽资金时，才是真正的失败。 然而，在这样一个需要反复验证的阶段，你需要对企业有耐心。 对一家初创公司来说，这应该也是成本最低和时间安排最灵活的时候。 如果在增强信心之前不必要地扩展业务、增加风险，那么成功的概率就降低了。 请严格遵循以下六个发展阶段：

第一阶段：想法——发展想法并评估其吸引力；

第二阶段：技术——构建技术；

第三阶段：产品——交付产品；

第四阶段：市场——展示市场需求；

第五阶段：经济效益——在现实生活中证明其单位经济效益；

第六阶段：规模——扩展业务。

（快速记忆法："它为我提供了成功"——想法、技术、产品、市场、经济效益、规模。）

创意过程本质上是个执行过程，而不是个顿悟时刻。 就像写书一样，你挣扎着写了一段时间，还没写完就发现思路被堵死。但是，也许随着思维的拓展或是一个见解的出现，你的思路僵局就被打破了，你能做的就是继续写下去了。你可以系统地"创新"和执行业务，同时尽量减少错误，最大限度地增加成功机会。换句话说，疯狂创业的背后总有一些办法。

竞争有时会变得如此激烈，这很自然。市场很容易出现赢家通吃的局面（想想社交网络或互联网搜索），你必须拼命，承担更多风险，才能达到主导规模。但不要像通过地雷阵那样手忙脚乱，一个深思熟虑过的策略可以帮你加速度过六个发展阶段。

法则 6

最好的想法来自作为用户的创始人

总的来说，最好的创新来自重视和使用它们的人。 史蒂夫·乔布斯和史蒂夫·沃兹尼亚克希望在家里用上 IBM 大型机①，所以创造了苹果电脑，开启了个人计算机时代。 特拉维斯·卡兰尼克前往参加总统就职典礼时没能打到出租车，于是创建了汽车按需服务，并称之为优步。 斯坦福大学的拉里·佩奇和谢尔盖·布林创建谷歌搜索引擎时，正努力理解在线信息量的爆炸性增长。Facebook(脸书)最初是马克·扎克伯格为像自己这样的哈佛学生创建的，目的是"评价"同学。 伊冯·乔伊纳德创办了巴塔哥尼亚，为自己和其他快乐的登山者和冲浪者提供无害的生态产品。托尼·法德尔需要一种可靠方式来管理山区家里的能源消耗，于是发明了 Nest 恒温器。 里德·哈斯廷斯对百视达公司的滞纳金制度感到非常愤怒，于是创办了 Netflix。

所有这些企业家都是从深入了解客户需求开始的，因为他们自己就是目标客户。 当市场对他们的创新做出反应时，他们就根据

① 早期 IBM 公司生产的计算机,因体积大闻名,与现代微型计算机相对。

自己的想法建立了强大的企业。

这就是发明家和企业家的基本区别。发明家会创造出一些激发想象力的惊人突破。而企业家则会创造出超乎想象的产品或服务，以满足客户真正的需求，并提供诱人的市场机遇。企业家和首席执行官也不能混为一谈。首席执行官的重点在于领导、战略和运营，他们能从诱人的市场机遇中打造出成功的企业。一个人可能同时胜任这三种角色——发明家、企业家和首席执行官——但这三种角色和所需能力截然不同。

所以，当想法为大众所接受时，就可以进入第二阶段：构建技术。

法则 7

在技术起作用前，不要推广

如果掌握了一种技术，你一定在它得到证实前就已经在使用了。毕竟作为技术发明者，你应该知道如何使用它，可能只是需要一些时间。但别操之过急。除非你在使用现有技术进行简单、渐进的创新（这不太可能带来跨数量级的改进），否则仍有一些关键问题需要解决。根据已有知识快速发展业务当然可以，但一旦出现意外知识证伪，生意就要付出最终代价。非技术出身的创始人更容易犯这个错误。他们依赖技术人员，当技术人员保证他们可以或很快可以提供服务时，基于这些保证，这些创始人会在技术真正发挥作用之前就开始扩展业务。现在问题大了：雇了更多的人，花了更多的钱，增加了每月资金消耗率（每月损失的资金），于是，破产的日子（当前的情况持续下去，花完所有现金的那一天）也提前到来了。所有这一切都是为了一个还没有准备好的产品，哪怕市场都已经准备好了。随着产品的延迟，每一天、每一周、每个月你都在亏损，亏损的钱甚至超过用于业务拓展的钱。你也丧失了先发、灵活和高效等早期优势。

当然，即便你的行动有条不紊，产品可以按时上市，你恐怕也不应该太快拓展业务。　哪怕竞争对手对你嗤之以鼻，最明智的做法也应该是更缓慢、更谨慎地扩展规模。　这是被历史证明过的。

　　按照我们的行话，怀着"克制的紧迫感"是一种更好的方法。获得正确的技术可能需要很长时间，所以应在证明技术后再扩展组织。　换句话说，应首先证明产品有效；然后，证明存在市场潜力；最后，搞明白经济效益(特别是"单位经济效益"，即每笔销售对营业利润的贡献金额)。　否则，在医生到来之前，你很可能已经失血而死。

法则 8

以近乎疯狂的专注度来管理

据说，当史蒂夫·乔布斯的骄傲团队在流水线上向他展示早期力作 PowerBook 时，他做的第一件事就是翻过来检查底部。看到他的古怪神情时，大家都很好奇。整个产品的其他部分均由一整块铝锭雕刻而成，只有底盖的银色略有不同。结果史蒂夫因此大发雷霆，要求停止生产线，废弃所有问题产品，耗资数十万美元也在所不惜。团队向他指出，从来没有人关注底部，况且这个问题可以在未来的运行中得到解决。但乔布斯不听任何理由，他对自己的产品非常狂热。突破性的产品通常由小团队创造，而强有力的领导者会取消所有不必要的特征，从而使产品在关键性能上出类拔萃。产品开发从来都不存在民主问题。这就需要一个仁慈的独裁者（最好不是暴君）。他可能会倾听，但也会在必要时强加自己的意愿给他人。完美不是理性的，也不是商业上的此消彼长。要生产出令人吃惊的伟大产品，需要的不只是一点点疯狂。成功的企业有一个共同之处，那就是目标明确，并注重客户的价值主张。

托尼·法德尔和马特·罗杰斯能够发明 Nest 恒温器绝对没有任何运气成分：几十个最优秀的人花了两年时间，昼夜不停地工作。 虽然过程中有些人怒火中烧、衣着不整和暴跳如雷，但这都是为了追求完美。 当然，追求完美的过程也会令人疲惫不堪。 但当产品上市时，其美丽和独创性赢得市场的如潮好评；在某种程度上，Nest 公司的成员感到了自豪和满足，而只有近乎疯狂的专注度才能带来这种自豪和满足。

法则 9

瞄准快速增长、充满活力的市场

许多企业家瞄准现有的大型市场，因为这就是资金所在——或者看起来是这样。但典型的成熟市场通常会有5～7位相关竞争对手，其中两位通常占据了超过70％的利润空间，超过所有其他企业。对新进入者来说，竞争的障碍令人望而生畏。这就是为什么跨数量级的创新如此重要：你需要用不同寻常的优势来打破现状。

然而，你最好避免过早展露优势，转而瞄准更小、更专业、利润更高的市场，在那里先站稳脚跟。你可以努力成为有前途的细分市场领导者，从那里开始扩张。这就是特斯拉的战略，即：一开始不用大众市场上的汽车去追赶那些大型汽车制造商，而把目标转向富裕的奢侈品市场——针对那些有兴趣为开创性清洁能源电动汽车买单的早期消费者，为他们提供高价汽车，即使这些汽车几乎不能收回制造成本。然后，随着技术和工艺的进步，成本逐渐下降，你的品牌会变得有吸引力，而且能够进入行业中更大、更有竞争力的领域。不过，在确定品牌能够迅速达到盈利水平之前，不要用代价高昂的风险投资来补贴大众市场的客户。

　　这是创新者困境的一种变化，在这个困境下，市场领导者拒绝引入创新，因为创新的质量和/或价格没有扩大其现有市场。市场主体的产品在价格、质量和功能三方面都处于衰退边缘。而市场新进入者抓住机会，向早期消费者市场销售次优产品（高价、有限特性和/或技术限制），并随着功能的增加和成本的降低扩大市场，最终击败目前的市场主体。

　　当索尼带着晶体管收音机进入视听器材市场与以电子管为动力的高保真器材开始竞争时，其卖点在于售价和便利性，而非质量。我们想说的是，即使仍然处于 S 曲线的昂贵一侧，你实际上也已经找到了可以倾尽全力发展创新的小众市场。随着以后成本的下降和功能的不断改善，市场也会随之扩大。例如，最初的特斯拉跑车售价 10.9 万美元，行驶里程 244 英里（约 39.27 千米）。9年后，特斯拉 Model 3 售价 3.5 万美元，行驶里程 310 英里（约49.89千米）。底特律、慕尼黑和丰田市这三个汽车城可真要当心了！

　　每当有人问汤姆·帕金斯，风险投资家应该如何去评估一个想法或商业计划时，他总是开玩笑地回答："我不能告诉你如何编写或创建一个商业计划；我只能告诉你我们如何阅读——我们从后半部分开始看，如果数字很大，我们就到前半部分去看看这是什么生意。这一点儿都不难。"我们所能提出的良好建议是：制定一个宏伟蓝图，但要像激光一样聚焦于近期商业机会。

法则 10

只雇用最优秀的员工

初创公司的基因是在其生命早期建立起来的。 员工的经验和技能当然最为重要，但每位新成员的加入都会对企业文化有所影响，因此在招聘过程中了解他们的性格和价值观是很有必要的。由于你的员工迟早会参与筛选和面试更多应聘者，所以如果他们存在偏见，那么这种偏见就会在整个组织中增倍。 比如，最有能力的员工能自信识别和雇用与其价值观相近的人，而能力稍差的人却很可能会雇用到能力更差的人。 在企业早期招聘时犯错误会是一件令人痛苦的事情。

许多公司倾向于在成立之初就写下使命宣言，但实际上，公司面貌主要是由每位新员工决定的。 把很多时间花在这些陈词滥调上，就没法把真正的精髓灌输给整个组织。 这些宣言可能在每个人的桌上都有，但如果人们在日常工作中很容易忽视，也就没有意义了。 所以最好等到核心团队就位，有足够的时间一起工作后，再确定企业的立场和价值。 在此期间，简单阐明自己希望在组织中看到的品质即可，同时在招聘活动中倾向于这些品质。

招聘看起来好像只是填补职位空缺，但对初创企业而言，这个过程要复杂得多。 毫无疑问，你需要最好的产品经理、首席工程师和财务主管——而且越快越好。 但初创组织都是高度动态和不断发展的，所以团队也应该不断发展，同时依靠有限的资源在工作中学习，以应对各种不确定性。 在传统财富500强企业中，成功所需的技能与创业所需的技能并不相同。 事实上，它们可能正好相反，因为大公司的员工擅长管理组织流程和人际关系，并期望拥有充足的资源。 但在快速发展的企业中，这些都最好保持在最低限度。

此外，正式组织（领导、管理层、董事会和团队）将在企业生命周期的不同阶段定期发生变化。 我们的目标是找到那些雄心勃勃、智力超群、坚韧不拔、能适应不确定性、职业道德强、富有开放的团队精神的人——能够完成工作、实现发展并承担更多责任的人。 定期评估组织中的每位员工，看看他们是否在半年或一年内完成了工作。 预测一下，每位员工需如何成长才能跟上业务发展的要求，帮助他们实现个人成长或做好转型计划。

初创公司的新员工往往专注于评价自己在公司中的特定角色，而事实上他们应该明白这个角色只是进入公司的门槛。 相反，他们应该考虑未来企业可以提供的学习和进步机会——当然还有经济收益。

请记住，一家公司性价比最高的人力资源就是已经入职的员工。 如果能让这些最合适的人一直开心付出，你就不必花费时间和金钱去招聘其他替代者。 在你从其他公司挖人时，他们也会到你这儿来挖人。 他们想要的不是你这里的平庸员工，而是最好的员工。 相对招聘未经过评估的新员工，在考核过的员工身上花钱更省事、更保险。 一定要搞清楚自己企业中哪些人可以排到前25％，让这些人明白你很看重他们，可以通过加薪或当场奖励等方式给他们惊喜。 在他们对公司的感恩之情快要耗尽之前更新他们的股权。 找机会让他们承担更多挑战和责任并给予嘉奖。 有些公司会等员工带上其他公司的报价去找他们，然后再做劝说和议薪工作。 这是一种愚蠢的做法。 如果你的员工知道通过这种方式能够加薪，他们大概都会回复那些陌生招聘电话并得到机会。 即使他们现在完全满足于为你工作，一旦哪天情绪有变，你就会失去他们的忠诚和承诺。 你要积极主动，这样你手下最好的人才能放心；你完全看重他们，他们当然也不必老是去寻求更好的发展空间。

一个伟大的创业团队会不断挑战传统智慧，追求大公司无法看到或认为风险太大的可能性。 要想超越竞争对手，你就需要一个灵活而忠诚的组织。 未来你需要扮演的诸多角色，目前甚至还没有定义。 因此，与其聘用经验丰富的专家，不如聘用擅长商业运作的人。 无论你做什么，都要确保留住最优秀的人才。

法则 11

用系统方法进行招聘面试

　　航空公司飞行员在飞行前检查驾驶舱时会一丝不苟。 航空业曾经调查发现，许多事故源于忽视常规预防措施和仪器设置。 飞行员都接受过非凡的训练，却忽视了普通的问题。 行业解决办法是采用飞行前核查表，以一套平淡无奇的程序来确保没有任何明显的遗漏。 后来，医院也采用了类似的手术检查表，以消除也许会导致严重问题的可避免风险。 许多受过最先进技术训练的医生对这套系统流程深恶痛绝，但其改进效果不可否认。

　　与创业的其他方面一样，招聘也受益于更系统的方法。 鉴于我们一生总在认识陌生人并对他人进行评估，我们或许会认为可以用同样随意的方式来进行招聘。 但是，如果每位面试官都随意地向面试者询问他们自己偏好的问题，只是随机关注一下资历，你又怎么能指望组织能雇用到最好的人呢？ 很多时候，由于经理和董事会成员没有经过足够的培训，无法进行有效的招聘面试，从而产生诸多模糊、开放式的问题。 这些问题只反映个人偏见而非客观的优先事项。 而那些无意识的偏见会导致你无法招募到来自不同背景的最佳人才。 也就是说，你的初创公司很可能无法吸引到最有才华的员工。

　　鉴于此，我们建议制定反映组织需求和价值理念的通用标准和共享清单。 使用核查表和统一面试方法并不意味着过程就是沉闷的——只要知道自己在寻找什么，别人也赞同你的用人标准，你就可以让面试过程变得非常自由，充满创意。 与候选人进行多次对话是可以的，但杂乱无章的意见和前后矛盾的过滤机制对组织发展一定不会有利。

法则 12

宁要兼职好手，不用全职庸人

初创公司会面临资源紧张的问题，尤其是在资金方面。 与出价相对较高的老牌企业竞争人才十分困难。 你或许经常遇见能够助你成功的一臂之力的候选人，但你请不起他们，他们也不会被你不确定的优势所左右。 你能怎么做？ 放弃规则改变者，然后尽可能雇用最优秀的人吗？

规则改变者是那些能够凭一己之力帮你降低关键风险的人，他们会为工程难题或营销瓶颈带来完美的解决方案。 他们能激励别人团结在一起并付出更多。 他们既有经验，也有能力，二者完美结合，解决让你头痛至极的问题。 这些人身上总有一些东西——或许是简历，或许是推荐信，或许是具体经历——可以表明他们不仅仅是个路人甲或宋兵乙。

有时候，某个角色必须由一位能为你全天候付出的最佳人选来担任。 另外一些事情则只要完成就好。 但还有些时候，你可能会发现，找一位兼职的规则改变者，配上一名学习其经验和判断力的初级员工，这既可取也可行。 一些天才的规则改变者也许会希望职业生涯变得更灵活，或打算身兼数职。 如果你能为他们量身定做一些职位，让他们尽可能发挥专业水平，那会是双赢。

财务部门是个很好的起点。 财务的职能是为整个组织提供及时、有用的财务和运营信息及见解，为运营绩效提供参考并进行约束。 如果你的财务部门不具备这种业务能力，就需要做出改变。企业创始人经常错误地以为，需要雇用经验丰富的软件工程师进行开发，需要聘用最优秀的营销和销售专家；但在财务方面，无名小卒也足够用了。 财务可分为两个关键部分： 财务报告（又名"会计和控制"，侧重于公司近期运营情况）和财务计划（也称为预测、规划和分析，或财务计划分析，侧重于公司发展方向及如何实现目标）。 你可能会认为，公司还没有营业收入，做个简单的成本核算就行，应该在人员配备方面省点钱。 但实际上，财务报告在企业早期才最能起到帮助作用。 财务分析者可以为业务建模并测试假设。 他们通过数字和分析强有力地影响你的策略，他们的工作是你关键战略决策的试金石。 在融资时，他们也对制订商业计划发挥着重要作用，让你的公司得以延续。

你不需要雇用收费最高的财务人员来做这些——董事会可以帮你找到很多经验丰富的财务人员来兼职。 硅谷的一些招聘公司专门外包高级财务人才从事兼职工作。 在其他市场，你也可以吸引一些刚退休的专家和经验人士，他们正在寻找像这样灵活的工作场所。

这种方法不只适用于财务领域。 如今有招聘公司专门为许多公司物色此类人才。 你可能还没打算招聘一位全职营销主管，与其让资历较浅的人来填补空缺，不如考虑找位愿意兼职的营销主管来解决那些只有凭借经验才能解决的复杂问题。 即使你还没开始销售真正意义上的产品，也可以考虑雇用一位经验丰富的兼职销售主管来规划和设置以后需要快速扩张的领域。 不要勉强凑合：想用最有想法的人，就得不拘一格。

法则 13

像指挥爵士乐队那样管理团队

爵士乐队完美概括了初创团队的理想合作模式。 爵士乐合奏强调将个体的精湛技艺、即兴表演和充沛活力融为一体,所以无论每位成员演奏什么乐器,都需要具备风险承受能力。 每位演奏者都是团队的一员,通过一个接一个的音符彼此亲密对话;同时,每位成员又需要脱颖而出,一边根据其他成员提示为团队做出新贡献,一边发挥个体力量。 没有齐心协力的合作,就不会有音乐。演奏时没有老板,只有一位领导者,他能发挥每位成员的最大潜能以达到完美和谐。 每位演奏者都知道自己的独奏必须契合整体背景,又可以在此基础上自由地即兴创作一个主题。 他们向未知张开双臂,但不放弃共同的愿景。

与爵士乐队一样,初创公司的领导者负责制定一系列连续性的策略和优先事项,同时又让每位团队成员自由发挥创造力和生产力。 你需要对员工干涉最少的经理人,因为他们知道自己的工作就是帮员工充分发挥创造力和生产力,而不是为当老板而当老板。毕竟,员工不只是生产工具,他们也是创造者。 领导者应该为创造者服务,为他们的发展提供良好的环境。 想想迈尔斯·戴维斯、比尔·埃文斯、约翰·科尔特兰、坎诺布·阿德利、保罗·钱伯斯和吉米·科布，他们都是绝佳范例。

在充满风险的行业里，太多自我——太多无视歌曲整体旋律的独奏者——是一种负担。帮助整个乐队倾情演出，那就是你的工作。

法则 14

提供有意义的工作，
而不是免费午餐

初创公司的领导经常觉得应该给员工提供免费午餐，因为谷歌和 Facebook 等行业巨头就是那么干的。当然，如果你的公司像高度杠杆化和规模全球化的企业一样拥有几乎无穷的毛利，你可以给员工每天下场津贴雨。但请记住，苹果和亚马逊等许多行业的领军企业并没有这样做。

总有一天，财务总监会走进首席执行官的办公室，指出免费午餐的成本相当于雇用一位新工程师。紧接着，随着公司发展，午餐开销不仅等于雇用一位工程师的费用，还得加上一位产品营销经理之类的。忽略缩水的现金账户，等着下一次资金注入，所有这一切看起来都是可控的。但如果市场发生变化，资金成本上升甚至无法得到资金，你将做出艰难抉择。到那时，免费午餐看上去就会好贵。

众所周知，收回额外津贴——尤其是在充满挑战的时刻——会大伤士气。在那种时候开始节俭，绝对属于选错了时间点。因此，首次决定提供食物或自由支配时间等免费福利时，需要特别小心，要考虑到这么做或许会让未来变得复杂。 你要是觉得初创团队的额外津贴需要跟谷歌拼一把，那就大错特错了。 你需要的员工会更愿意在一个志在改变世界的企业中得到有意义的工作和职业发展机会，而绝不会是免费午餐。 对合适的应聘者来说，经验、创造力、机会，甚至未来任何一个发工资的日子都会比免费食物更重要。 目标可比津贴重要得多。 请把精力和资源集中在最重要的事情上。

法则 15

具有共同使命的专业团队是
最有吸引力的投资

要让投资者觉得可以放心大胆地在你身上投钱，也要让他们感受到共同愿景和使命的鼓舞。优秀的投资者会到你的办公室走走看看，与员工和顾问聊聊天，其实这就是他们尽职调查的一部分，通常在非正式场合就可以完成。领导说的和团队做的之间有哪些差异，很容易就能被看出来。这并不意味着每个人都需要为这种场合"盛装打扮"，那也会惹恼聪明的投资者。但这确实意味着团队就应该团结，为明确的共同愿景保持一致。

融资过程中聘请来的外部顾问也应如此。一定要聘请备受尊敬、能力出众的外部法律顾问，因为他们将在保持企业正常运转的过程中起到关键作用。如果与资质平平的顾问一起参与谈判，投资者可能会对你的专业素养留下负面印象。

投资者希望你身边的每个人都会全力以赴——在需要的时候，他们有经验、有知识、专业性强。这样不仅能让双方增强信任，能提高企业获得资金的概率，而且会让投资者和你在日后省去很多烦心事。此外，投资者还会希望你能意识到在遇到自己不懂的地方、有需要时能够得到帮助。 要是你出场时身边有一群并不出色的人甚至根本没有人，投资者往往会望而却步，因为这说明你要么太无知，要么太傲慢，根本没有意识到需要更多专业人员参与进来。

专业素养至关重要，但这并不是说，你可以不让投资者参与到你引以为豪的事业中来，单靠自己就侥幸获得成功。 投资者当然想赚钱，但他们也想和你一起开创伟大的事业。 换句话说，专业素养必不可少，但还不够。 伟大的梦想和鼓舞人心的使命同样重要。

法则 16

用财务数据讲故事

　　财务报告和财务指标提供了关于公司及其业务的宝贵信息。数字背后隐藏着对团队和机会的一系列见解，而优秀的投资者以读懂它们为生。现金流量表不仅说明企业赚了多少现金，是否有足够资金用来偿还债务和支付其他款项，还告诉你企业应该如何配置资源（比如增加工程投入和减少营销投入）和分清主次（比如多关注大客户和少关注小客户）。它可以灵敏地发现公司宣传的和实际情况之间的差异——公司吹嘘自己正以火箭速度发展，现实中却是在大笔烧钱以赢得一些既不符合公司战略又无利可图的客户。它也可以揭示虚假经济——比如限制员工人数，却增加在承包商身上的花费。它还能就关键指标提出问题——比如为满足购置成本目标，你是否正将客户获取成本慢慢转移到品牌营销开支上去？它还会体现出对策略的密切关注，比如年收费会比月收费带来更多延期现金，但需要更长的摊销时间，从而导致报告中营收降低。只要让我们看看你的预算方案，我们就可以告诉你应该采取什么策略。

　　损益表可以说明有关客户愿意为产品或服务支付多少费用、产品单位成本及由此产生的利润和相关管理费用。 资产负债表直观反映了公司的资产和负债情况。 所有这些的背后是一系列假设，而对于早期企业来说，这些假设要比自我预测重要得多。 提出恰当的问题和挑战合适的假设会让人强大起来，而具体答案不会赋予你任何力量。

　　企业不会在一夜之间耗尽现金。 如果能读懂财务报告，你就会发现警告信号。 对早期企业来说，最好的做法是从运营（资金流向）和差异（现金支出与计划或预期之间的差异）两方面去关注现金消耗。 随着时间的推移，以上两方面的趋势都会向你和团队揭示需关注和改进之处，并对你们是否走上了正确的道路提出一些战略性问题。 所以说，无论是为了纠正路线，还是为了改进业务的方方面面，财务部门提供的反馈都是无价之宝。 千万不要每个月公布一些数字就完事；仔细查看这些数字，思考怎样才能改进业务。

法则 17

创建两个商业计划：
执行计划和期望计划

企业家似乎觉得，如果需要向投资者或其他利益相关者展示业务，就必须有一个无懈可击的单一财务计划。

他们只对了一半。 理想情况下，你应该制订两个不同的财务计划。 第一个是团队基于已知信息和可预见信息、90％确定能够实现的执行计划。 这个计划决定了公司的开支。 把它看作一个自下而上的计划，你的工作就是把握总开支。 鉴于这是执行计划，实现的确定性应该很强，费用也应是可预见的。

第二个计划的确定性约为 50％，志在雄心勃勃的发展；踮起脚尖，运气好点，也许就能实现。 它所预测的是你不知道也还没看到的事情，但你最终的商业策略取决于此。 这是自上而下的计划，你需要做的是打好根基。 这不是白日梦，而是一个计划。如果发生了一些意外的有利事件，你就可以通过努力工作和勤奋执行来实现它。 这个计划适用于设定绩效补偿等积极的顶层目标。

要避免在期望计划上开支过多，就很有必要把两个计划区分开来，明确取得成功的必备要素。例如，管理团队经常宣布没有达到收入目标或毛利率目标，但却达到了招聘目标。这就是一个大问题，因为这意味着既错过了现金流入，又增加了管理成本——这对企业来说简直就是双重打击。或者也许总体没超预算，只不过招聘工作有所延迟，那就意味着其他方面超支了，等到招聘完成也就超出预算了。

你需要一直坚持执行计划，直到实现期望计划的阶段目标。也正因如此，你一定又能信心满满，继续加码前进。只有在实现这些阶段目标的情况下，才能小心谨慎地逐渐增加支出。

早期公司需要每隔90天更新这些计划，有效创建滚动预测而非年度计划。也就是说，每隔90天，你就需要重新预测接下来四个季度的情况。对初创企业而言，事情变化得太快，年度计划周期过长且不准确。上季度的数据很快就过时了。不要把经营和预测原则丢在脑后；每隔90天进行一次实际情况核查，你就能更好地展望未来。持续做出滚动预测不应该是忽略数据的借口，你应该密切跟踪年度运营计划（12个月计划）、季度预测更新和实际绩效。数据偏差会为你提供业务计划假设和实际情况的重要信息，对计划做出的任何改变都应有充分的记录和事实支撑。这样，你就不会去使用过度乐观的成本下降曲线，反而是借助预测来弥补未能达到的目标。保持乐观，但要清醒。

预测早期公司的未来有点像看手相，但你至少应该制订一个三年计划。 这并不是说任何三年内的预测都靠谱，而是它会迫使你去思考今天应该做些什么来实现明天的愿望。 我们曾看到许多企业都觉悟得太晚了，以至于没能实现最高营收和毛利率，因为他们去年没去雇人或购买设备以实现今年的目标。

法则 18

用心记住财务数据及彼此关系

创业与做其他事情别无二致，你最佳计划背后的财务机制和标准既属于艺术也属于科学。 而正是各种因素之间的相互作用，使得创业既需要技能也需要感悟。 没有什么事情是凭空发生的——财务报告尤其如此。 在一台调校得当的机器中，所有杠杆和滑轮都必须一起工作，才能精确衡量企业的健康状况。

如果你曾在电子表格中插入公式，就应该明白： 如果把表格拆分，计算就无法完成，因为它是一个循环引用，意味着一个变量的值依赖于另一个变量的值，而另一个变量又依赖于第一个变量的值。 毫无疑问，损益表和资产负债表也是这样。 要是想从财务报告中获得最大收益，你需要理解这些公式，而不只是计算结果。 如何计算数字只是个数学问题，剩下的则是判断——财务团队的最佳判断。

下面是个快速入门的介绍，让你了解财务数字是如何协同工作的。

损益表

销售

－产品销售成本

＝总利润（驱动因素：差额）

－运营支出（驱动因素：差额，通胀）

＝息税前利润

－利息

＝税前利润

－税款

＝净收入

现金流量表

净收入

＋折旧

＝经营现金流

－营运资本投资

－资本支出

＝自由现金流

＋/－债务变更－股息支付

＋/－股权变动

＝现金变动

资产负债表

资 产

＋现金

＋库存

＋应收账款

＋厂房/财产和设备

＝总资产

负债

＋应付账款

＋债务

＋股东权益

＝总负债和股东权益

营运资本表

＋库存增加量(驱动因素：库存周转率/销售收入)

＋应收账款增加量(驱动因素：应收账款周转天数)

－应付账款增加量(驱动因素：应收账款增长天数/存货)

＝营运资本投入

债务和现金明细表

期初现金结余

＋/－现金变化

＝期末现金结余(平均计算利息收入)

期初债务结余

＋/－债务偿还/增加

＝期末债务结余(平均计算利息支出)

请注意各种报表项目之间最明显的依存关系。 利息是决定息税前利润的关键因素，也是决定债务和期末现金结余的关键因素。损益表中的净收入被纳入资产负债表中的股东权益计算部分，现金流量表中的股息支付和股权变动也是如此。 折旧和资本支出是资产负债表中厂房/财产和设备项目的关键要素。 现金流量表中的营运资本投资直接取自营运资本表。 现金流量表中的债务变更是债务和现金明细表的计算结果，而所有者权益的变更可由资产负债表得出。 资产负债表依赖于库存变化、应收账款变化和营运资本表中计算的应付账款变化。

再来点复杂的计算。 所有这些数字都需要财务团队进行分类和制表。 它们比一般人想象得更具主观性。 这就是科学、艺术与合理判断的交汇点。 销售数据是否包含了与大型供应商分享的收入，还是在报告前已扣除了共享份额？ 使用总分母或净分母会让毛利率出现很大差异。 营销费用中是否包含贸易折扣，还是减少了销售额以弥补这些费用？（这通常被称作"高于"或"低于"界限。）财产、厂房和设备成本是包含在总务及管理费用中，还是按人头分配到了所有职能费用中？ 要求你必须持续提供服务，不允许在对方收货时即实现销售预付款，还是说这些服务价格微不足道，可作为质保费用包含在商品成本中？ 在试图弄清客户的生命周期时，终身认购是否要求在不确定年限内实现营收，从而显著减少了当期报告收入？

应该感谢财务团队和利益相关者能够深入了解每个要素的组成部分，这样你才得以理解为什么营收快速增长（更多客户）而利润却缩水了（为加快销售而打折、客户不像预期中那样有利可图等）。询问财务人员销售和费用是如何进行分类的及这些决定对企业意味着什么。 不要把数字当作强制性的里程标记，深入研究并掌握它们。

数字不会说谎，但如果仅把它们当作页面上的数字，你就丢掉了企业家的大部分工作。 深入挖掘下去，你就会发现这些数字揭示了业务、优先级和触发点。 它们将帮你明确企业的方位和方向。 然后你可以和员工、投资者和其他利益相关者一起加入这个故事——哪怕最终一幕还未完成。

法则 19

净收入是一种观点，
现金流才是事实

如果净收入和现金流之间存在差异，可能主要有两个原因。第一个原因是，交易完成后，损益表会立即更新销售或收入。 然而，这笔买卖的付款实际上可能很晚才收到，增加的是应收账款而不是现金。 因此，尽管净收入确实反映收入，从会计意义方面讲，企业家赚了钱，但它还不能作为现金流使用。

所以说，在损益表和应收账款的增长速度远远超过任意时间点现金流的情况下，增长过快实际上会削弱你的业务。 这种净收入和现金流的不平衡意味着，尽管企业账面上正在产生利润，但你仍然没有足够现金去增加劳动力和原材料。

因此，了解流动资金非常重要。 流动资金是流动资产和流动负债之间的差额。 如果你需要在 30 天内付款给供应商，90 天后才获得报酬，那么你至少要在收到报酬前 60 天获得支付给供货商的现金，才能接这一份订单。 这被称为正运营流动资金。 如果打算加快发展，每期订单都翻倍，那么你的正运营流动资金也需要翻倍。 假如情况相反，你在 30 天内就能得到报酬，90 天内付款给供应商，那么每笔销售实际上为你提供了更多现金来推动更快发展。你实际上是在向供应商"借款"，以投资于企业发展。这种"炼金术"被称为负运营流动资金，亚马逊在刚开始从事图书业务时正是采用了这种现金流运作方式。因此，融资策略和资金来源在很大程度上取决于现金流的运作方式。从一开始，你就应该了解自己特定的商业模式，并相应做好融资计划。

第二个原因是，建立在一些关于会计收支假设的基础上所获取的净收入或净利润数据是相对随意的。然而，现金流却是一个客观的衡量标准，一个不受任何个人标准或个人意愿所约束的独特数字。很多初创公司的首席财务官会花上大把的时间来报告根据会计公认准则计算出来的营收和毛利率，而非现金流。这一举措使得流动资金和应收账款的时间点被忽视。请铭记现金为王的道理，一天至少应该算两次现金。对处于早期的初创公司来说，现金应该是最重要的。

法则 20

单位经济效益说明是否有利可图

如果打算真正做个生意，毛利率和利润率都至关重要。理想情况下，两者都需要保持长期可持续性。如果你赚了 1 美元，你就能继续掌权；但如果你损失了 1 美元，那就得听投资者和债权人的了。

单位经济效益是个简单的概念。你能从产品或服务的每次独立销售中赚钱吗？这还没有包括企业的所有运营成本。如果产品成本为 2 美元，以 1 美元的价格出售，那么单位经济效益是－1 美元。要是以 3 美元出售，单位经济效益是＋1 美元。你的目标是实现正单位经济效益，从而得到正边际收益，即每笔销售对运营费用的贡献金额，比如工程师和营销人员的工资。如果单位经济效益为正，再利用杠杆来扩展业务——意味着不必为每增加 1 美元边际收益而支付 1 美元运营费用——那么你就是真正在做生意。

没有正利润的营收实际上是支出。在评估企业利润率或单位经济效益时，管理层通常会把重点放在单一用户案例上。他们的评估计划聚焦于某渠道中某客户的某个需求。不要误把此当作真正的市场分析，这只能说明你有一次将一个产品卖给了一个特定客户。 千万不要欺骗自己。 你应当通过广泛的产品应用和现实中的市场及客户来测试自己的单位经济学假设。 其中应该包括所有可能成本：运输、保修和融资成本等。 遗漏任何环节都会歪曲结果，让你本末倒置。

实际上，单位经济效益的计算是复杂和动态的。 因此，创建一个强大的单位经济效益模型非常重要，以便随成本变化更新模型。 制定战略时，你必须了解不同的市场、客户需求和地理位置对单位经济效益所产生的差异，绝不能取平均值，那会产生误导。

当单位经济效益不支持你的策略时，你却把生产成本曲线往下移，预测未来成本会降低，这显然是错误的。 多数情况下，这只是你一厢情愿的想法。 当然，有些行业需要产能达到一定规模后才能提出相对有利的定价和摊销。 你应该确切了解产能需要达到多少，在赢利之前需要投入多少资金；只有这样你才能在达到产能后开展业务。 如果你有足够的资金，坚信自己可以撑到实现盈利的那一天，那么哪怕暂时不赚钱，继续投钱也是可以的；当然，要充分认知自己的所有假设，并明白所需承担的风险。

人们在区分由产量驱动的单位经济效益和由技术驱动的单位经济效益时，经常会出现混淆。 前者是根据众所周知的生产成本曲线运行的：由于劳动力效率提高、零部件批量折扣、零件设计改进减少和设施摊销等，产品成本随着产量增加而下降。 然而，由技术驱动的单位经济效益则大不相同，它依靠不确定的技术进步来降低开支。 虽然存在通过资本投资实现批量经济的合理方法，但对技术驱动经济效益而言，更好的方法是瞄准附加值高、成本敏感度低的小众市场，并随着技术的成熟降低成本，从而实现扩张。

　　例如，太阳能电池的效率在早期由于受到材料科学发展水平的影响而有所限制。 然而，对一些高端市场来说，它们仍然很有价值。 比如在偏远地区的设施中，那里的其他能源可能贵到离谱。你可以把这些客户作为目标，继续试验材料以大幅提高效率，然后扩大市场；而假如你坚持通过以相对较低的价格出售现有的低效芯片，以占据当前市场，那么在你祈祷技术突破的时候早就赔钱了。

　　降低量产成本的一些愚蠢假设曾让很多企业陷入困境。 确保出售每件产品都能赚钱——无论如何，这是一个失败的命题。 当然，赠送剃须刀可能是个不错的主意，但你得确保顾客会购买足够刀片，给你带来正组合经济效益。 没有人可以通过批量出货来扭转负单位经济效益。 你必须做到自律，否则市场会来约束你。 如果每笔交易都在流失资本，那可不是闹着玩的。 竞争有时可能会迫使你出手，但扩张过快不仅仅是由于急躁和傲慢，更多是因为人们对真实的单位经济效益做出了不现实的假设。 如果你了解公司真正的单位经济效益，就可以制定一个竞争战略，而不用花钱去买失败的教训。

法则 21
把流动资金当作唯一资金来源

有效利用流动资金——流动资产和流动负债之间的差额——是为早期的初创公司提供资金的圣杯。不管是消极利用还是积极利用，这都表明公司不但有能力履行其短期财务义务，而且能真正让短期资产"出力"。管理流动资金包括管理库存和掌握应收账款和应付账款，包括考虑短期偿债。记得要重点关注流动资金率（流动资产除以流动负债）、回款率（公司的平均收款期比率是衡量其应收账款管理效率的主要指标）和库存周转率（销售成本除以库存平均占用余额，揭示公司存货的销售和补充速度）。

让我们来仔细分析一下。流动资金率是衡量有多少资金可用于企业发展的良好指标。比率缩小意味着没有足够资金来满足短期需求。比率扩大意味着可以在企业发展方面投入更多。请注意，如果从客户那里回收资金的速度快于向供应商支付的速度，运营的流动资金率可能是个分数，而不是倍数，这实际上对一个快速发展的企业是有益的。确定你所采用的商业模式适用于哪个范围，如果低于最低标准，你就要迅速做出反应。回款率让你了解资金回笼速度，以及客户何时失信于你。请密切关注"应收账款周转天数"——碰到经济信用较差的客户时，这个数字会发出信号，在目标市场出现压力时也会提前预警。 请用像雄鹰一样犀利的眼神盯准它。 在数字产品和服务时代，"库存周转"似乎是一个奇怪的词语，但它仍然非常重要。 如果在发货前必须将成品存放在仓库里，或在生产前必须将零件存放在箱子里，那将占用宝贵的资金，并严重影响业务增长和企业成功。 对必须通过海运来发货的公司来说，在目的地而不是在发货地拥有库存这样一个简单差异，可能意味着一大笔钱。 如果库存增长速度与出货量一样快或比出货量更快，这就意味着销售方面遇到了挑战——比如利润过高或渠道不畅——需要立即解决。 库存周转得越频繁——卖出旧库存，补充新库存的速度越快——盈亏总额就越健康。

　　成长中的企业需要现金。 如果可能的话，尽量缩短流动资金周期，减少应收账款周转天数并提高库存周转率，这些都是促进企业发展的最廉价方法。 良好的流动资金管理也会向各种利益相关者发出强有力的财务纪律信号，这对当前或未来的融资努力来说弥足珍贵。

法则 22

实行最严格的财务纪律

商业模式类型会直接影响企业融资方式。很明显，你每月的资金消耗率应该最小化，但某些计划需要享受与其他计划大不相同的优先级。坦率地讲，有些恐慌的风险资本家在商业周期低迷时经常发布的一个命令——要求你必须立即将资金消耗率降低到某个规定限度，否则将面临迫在眉睫的死亡——是愚蠢的。是的，在经济不景气的时候，你得降低公司的资金消耗率，但这在很大程度上取决于你从事什么行业及业务处于哪个发展阶段。

举个例子，相对寻找癌症治疗方法的生命科学公司或打算登陆火星的火箭公司，一家移动应用公司通常会少花很多钱。风险收益曲线会经常变化，所以这不是绝对意义上的月度现金消耗问题，而是该计划在潜在投资者眼中是否合理到可投资的问题。

一些企业可能根本无法实现管理开支的显著缩减，因为它们有很高的固定成本；如果开支缩减到某个门槛以下，所有业务都得停止。预先了解一下，你是否进入了一个埃维尔·克尼维尔（20 世纪 70 年代后以跨越成排卡车、响尾蛇坑和巨大峡谷而闻名的摩托车冒险家）商业模式，这种模式需要大量资金流入才能启动，在达到一定成果之前没有任何调整余地。然后再去相应管理融资策略。这样的企业如果没有实现积极的单位经济效益，很可能无法在严重的市场低迷中生存下来；所以你需要尽可能多地筹集资金，像松鼠在寒冷的冬天到来前储存松子那样，尽可能多地储存资金。

不同的商业模式灌输着不同的商业文化。把一家老派半导体制造公司的财务纪律与一家在线消费软件开发商的财务纪律做个对比，可以很好地说明这一点。半导体公司固定成本高，利润低，自由资本少，因此它们需要最严格的财务纪律。它们注重管理每一分钱。一个小错误都可能是致命的，而且考虑到资金消耗速度，转型也不太可能成功。毛利率很高的在线消费软件开发商则是另一个极端，在他们所处的行业中，结果往往都是二元的（产品要么被采纳，要么不被采纳），因此，他们注重的是盛衰心态，财务纪律是次要的。

重要的是要记住，一家企业的财务文化主要为以下三者所驱动：1. 财务和业务规划流程；2. 领导力；3. 财务纪律。由于许多投资者将钱投入软件和在线服务等轻资产业务中，希望快速扩大企业规模形成市场统治力和防御力，因此在初创公司中财务文化经常被忽视。而该死的现金流和利润——只会在你达到相应规模后才会出现。哪怕资本要求较低，资本供求规律也会抬高这些企业的估值，从而降低投资回报。因此，采取更严格的财务纪律，寻找更困难但可能回报更高的挑战，对反向投资者来说是有好处的。

法则 23

保持节俭

雇用天生节俭的人非常重要。 正如常言所说，没人盯着的时候，你才是真正的你。 雇用节俭的人将有益于公司文化。 这样你就不必忙于控制或对抗成本，不用制定严格的制度而是靠氛围，不需要把财务团队变成坏警察来侵蚀公司文化。 一些较大的公司安排了许多精确程序，以确保员工做正确的事情。 但这些程序会严重影响管理成本和时间，而且非常不利于创新，因为创新总是需要放权和创意的。 纪律性和创造力之间需要一个良好的平衡。 所以，在公司还很小的时候，应更多地依赖企业文化，而不是过程和监管。 每个人都会为从依靠文化转向依靠流程的那一天而感到后悔，就是在这一天，团队中最具创业精神的人才开始离开，去寻找更具创造性的领域。

然而，许多初创公司的现实情况是：公司人数一旦超过 30，成本似乎也就不成比例地上升了。 通常情况下，运营费用的 2/3 到 3/4 是人事相关费用。 因此，要控制成本，应首先关注人员配备。 节俭雇人，精打细算。

作为首席执行官，你需要作为批准费用申请的最后一个人。

这对招聘任何人来说都是个障碍。 因为如果对方不能向你做出解释，他们就不会来尝试申请费用。 尽可能精简职位，只设置省钱和必要的新职位。 这种节俭应该从最高层表现出来，你必须时刻树立榜样。 如果员工看到你对于新增员工或新增开支总是不情不愿，他们也会这么做。 与律师、印刷商、会计师、顾问等签订的每份合同都应该经过审查、修改和质疑，各方都应对这项工作负责。 树立好榜样，公司的其他员工也会效仿。

某家大公司的一位日本高管习惯于将每份开支报告发回给下属，并询问细微的不一致之处，比如看似无关紧要的小数点。 虽然下属们很想知道为什么老板会在琐碎的事情上浪费时间，但他们还是会仔细检查自己的账目，让它变得更加细致准确。 这位高管后来透露，他的行为纯粹是为了树立企业文化标准。 他实际上并没有审查账目的每个细节；只是粗略浏览下找出一两处差异，然后把报告发回并提出相关问题。 他知道，如果团队发现连他都有时间去仔细检查以最小化成本，那么他们会觉得自己也有时间去这么做。 精打细算和节俭雇人并不取决于你花了多少钱，而取决于你怎么花。 建造一个贵金属精炼厂要比建立一个八卦网站花钱多得多，但这并不意味着不同的企业在厉行节俭这件事上有所区别。

法则 24

要实现目标就得知道方向

如果你在创业初期干劲十足，但却缺乏处理流程上的经验；那么，你只是在用纯粹的意志力解决问题。也许看上去不漂亮，但你正在进步。你需要非常清楚业务的哪些方面做得不够好，需要以后再去修复，而哪些方面是可以持续下去的。例如，拥有主营业务前在应收款项征收和客户支持自动化方面投钱可能没有意义；但从长远来看，为加快发展，从一开始就投资建设耐用的可拓展平台技术或许很有必要。

因此，随着业务逐渐成熟，你会有很多职责，其中之一就是设定正确的评估结构，以明确企业的目标、安排、进度和责任。根据产品阶段和商业周期的不同，应该瞄准不同的目标，排除不同的风险。通过评估的方式，你可以让团队像激光一样聚焦于关键目标，同时也传达出这样的信息：那些没有受到评估的目标不是那么重要。

为了成功地实施分阶段融资战略——筹集足够资金以消除当前关键风险，然后以更高估值重返市场筹集更多资金，以应对更高层级的风险——这些评估工具的精度至关重要。你的融资策略取决于它，评估出错会浪费关键的时间和资源，却不会消除风险和增加价值。 根据评估预测的措施和计划，执行得越好，公司在业绩和融资方面的成功概率也就越大。

不言而喻，这应该是团队的计划，而不仅仅是首席执行官的计划。 如果授权和问责制度要发挥作用，所有人都必须完全接受。企业类型和创业所处的阶段是决定评估什么、评估多少以及以何种方式评估的首要因素。

记住，成功是从做好一件事开始的——然后根据情况扩大规模。 任何形式的绩效指标都是为了确定企业在特定时间范围内需要去往何处，然后再决定评估方法检验企业是否达到了目标。 那么，这些中间步骤又是怎么样的，如何在过程中定义是否成功呢？

首先要找出核心业务方面的假设。 这是评估内容。 如果要走上正轨，就得确定未来任何一段时间里的适当评估标准。 这是评估目标。 例如，如果企业依靠高于营销成本 3 倍的终身价值来吸引客户，那么你应该仔细评估客户终身价值和客户获取成本，以保持计划的连续性。 如果偏离预期，你就需要采取行动。 没有评估，就没法了解进步，如果不了解进步，又如何学习、提高和适应？ 评估、学习和改进周期做得越短，你就越有竞争力。

制定一系列不可协商的商业惯例并设定明确限制有助于支持这种实践。 否则，聪明人会钻系统的空子，评估结果就会产生偏差。 比如，你愿意和客户做排他交易，还是愿意对所有机会保持开放态度？ 如果你评估的是单位客户收入，那么销售人员可能会选择停止一些利润丰厚的排他交易。 而如果你评估的是新客户数量，销售人员就可能会做一些相对快速但利润微薄的非排他交易。你需要使员工们都明确并坚持对此的实施，否则你可能会得到完全错误的结果。 要像了解共同目标一样，了解自己没在做哪些事情。

推荐约翰·杜尔的大作《这就是 OKR》（*Measure What Matters*），它会帮助你对如何实现目标和关键结果了解更多。

法则 25

评估有陷阱

　　过早使用严格的评估标准或将导致公司陷于不现实的假设中。 过于僵化的关键绩效指标、目标和关键结果会成为企业发展的严重束缚。 在早期阶段，你应该把灵活的模块作为重点，有条不紊地指导试验来测试假设，然后全力实现。 这意味着不仅是技术或产品的假设要通过试验，市场、客户、价值主张、分销渠道等假设也需通过试验。 推翻错误假设与制订可评估的运营计划同等重要。

　　如果你最初五年的商业计划——在有利润、收入或客户前，通常也是在有产品或服务前所制订的计划——被证明是准确的，那么只能说你很幸运，而非聪明。 还没有足够信息可以说明你很聪明。 虽然人们常说运气比聪明更重要，但你和投资者不能总指望运气。 所以你需要尽快变得更聪明。 而这意味着做出有根据的假设并采用时间短、成本低的方法进行评估。 依靠直觉——不仅凭借经验直觉，更重要的是基于数据的直觉——不断评估以衡量可行性。

　　首先明确自己的假设，特别是能让你"信心倍增"的假设，这对你的事业成功至关重要。 什么让你"信心倍增"？ 为了回答这个问题，你首先需要批判性评估自己的想法和计划，确保它们符合现实情况。 然后研究过去和现在的相关想法和企业，了解它们成功或失败的原因。 不要以为自己是唯一走这条路的人，其他人肯定也尝试做过相关事情，至少也试过部分环节。

对你来说，最快速便宜的进步来自于别人的成功经验和失败教训。 比如通过索尼随身听的成功和网景公司的失败，苹果公司可能提升了对便携式个人音乐播放器的认知。 成功企业是你的同类，能够证明你计划中的某些关键假设是正确的。 失败企业则是反面教材，说明你的假设存在缺陷，需要收集更多信息或改进计划。 最后，还有些生死攸关的关键假设无法通过研究得到答案，需要反复试验直接评估。 这些就是能让你信心倍增的假设。

好了，设计简单、快速、便宜、可衡量的"评估"方法来验证或否定假设吧。 记住：只要能够迅速做出反应并改进，那么证实假设的错误性与证实其正确性一样，都是"成功"的。 现在就开始行动吧，犯错很正常，但不要在花费大量宝贵时间和金钱后才发现自己走进了死胡同。 解决当前问题赢得信心以后，随着业务发展，你又会遇到可以增强信心的新问题，继续使用专门的模块来识别、测试、评估和改进假设。

只有在企业能够证明其产品和市场后，才能考虑使用平衡记分卡和关键结果等严格的评估标准。 过早确定计划和评估标准可能会让你走上失败道路；或者以同样高昂的代价使你误入不能为你带来太多成功的歧途。 后者是最危险的，其早期结果可能会让你以为假设正确，而事实并非如此。

法则 26

应对运营挫折需快速大幅削减业务

当遇到不可避免的运营挫折时，最好的建议就是要尽早果断大幅削减公司业务，只有这样才能活下去迎接新的一天。快速转型或暂停业务后做出新的尝试以寻求未来的方向，一定要迅速果断。遭受过经营挫折的企业家经常提到，他们最大的遗憾之一就是，机会在手时削减得太晚或幅度不够大。如果削减之后被迫再次削减，利益相关者就会失去信心，员工将抛弃你。商场上很少有真理，但这一点必须记住：每当选择削减或改变路径时，你总会感觉应该早点这么做。毕竟，信息一直都在那儿。你为什么选择忽略？是固执己见还是一厢情愿？

你无法收回宝贵的时间或金钱。经验不足的操作者可能会觉得，通过大幅削减，部分价值会被切割掉，但要是不果断行动，所有价值都会被切割掉。你需要像第一个到达事故现场的急救人员那样思考。冷静回顾形势，分清轻重缓急，然后关注每个"病人"或机会，持续专注于自己的核心竞争力。止住流血（现金流失），争取时间走上正确道路，哪怕立即停止偿债、重新谈判应付账款等。如果手头有现金，你就能暂时把控局面。一定要把钱花在该花的地方。

一个很好的例子是曾有家上市公司陷入了糟糕的现金危机。当时，该公司正在向一家大型战略投资者支付大笔债务，而后者的首席执行官是该公司董事会代表。董事会中一位经验丰富的老手仔细查看屏幕上投影的公司财务报表，指了指偿债线，对坐在旁边的战略投资首席执行官说："很显然，在走出困境之前，我们不会支付这些款项。那么，我们能为你们做些什么来换取暂停偿债呢？"首席执行官感到震惊和愤怒，因为他必须向自己的董事会就这一情况做出解释，但最终还是让步了。

持有现金是最重要的，支付一系列律师费和诉讼费反而是其次。你的现金——也就是说你手头的现金——是企业的氧气，在危急情况下，你需要迅速采取行动来保存每一口气。先要在危机中幸存下来，你可以之后再去补偿债权人。现在不是当好人的时候，为了生存，必须要高效果断。

法则 27

把惊喜留给生日，
而不是留给股东

由于早期投资者过于乐观的天性，当一家企业开始无法达成计划，开始螺旋式下降或需要转型时，他们往往措手不及。 即使在真正的危机开始前这些迹象已经显现了一段时间，投资者出现这种反应也并不罕见。 你需要向投资者传递坏消息——但是如何传递呢?

你每天都在努力解决问题和审查各项指标，当挑战出现时，你非常清楚，而且可能觉得董事会也应该知道。 事实上，多数董事会成员每月只花几个小时思考你的业务，所以情况对他们来说可能不那么明显。 此外，许多早期投资者缺乏足够的创业经验，认为他们投资的是一个固定的计划，而不是一个开展大规模实验的团队。 如果计划没有实现，他们可能会感到震惊。 这样的风险总是存在：你发现自己所说的和投资者听到或想听到的内容不一致。如果与整个董事会走一遍模块流程(用于测试假设的游戏计划，包括特定指标和回应)，他们就能了解你在测试什么、学习什么、打算什么时候改进，有助于避免潜在误解。 不要等到董事会会议开始再去分享这些重要信息。 你可以考虑每周或每月提供一份关键绩效指标报告，并按历史情况和计划方案进行比较点评，以保持每个人都步调一致。

在危机时期，你的董事、投资者和贷款人会赶上进度对你的情况进行独立评估，步调不一致会导致关键决策的延迟。 持续和坦率的沟通有助于保持一致，也有助于在最重要时刻快速采取行动。一定不要在董事会会议上让董事们大吃一惊。 应该通过电子邮件、亲自拜访或轮流打电话等多种方式让所有支持者了解情况。特别是当危机出现时，你需要与每一位董事进行一对一的信息交流，这样就可以在董事会做出重要决定前调整和解决他们的特定问题。 是的，这很耗时，但与利益相关者保持信任关系在每个阶段都必不可少。 毫无疑问，未来你会遇到新的障碍和新的转折点，这都需要董事会和投资者的支持。

法则 28

战略转型提供一线希望

危机来临时，精明的投资者会寻求支持资本效率高的理性计划。你需要回答投资者的问题是：你能否摆脱危机，拥有一个有吸引力的、可持续发展的企业和致力于摆脱危机的领导团队。你的工作是准备这样一个计划并展示承诺，而不是一边祈祷乌云过去，一边苦苦哀求他们谅解。正如沃伦·巴菲特所说："当一个以卓越著称的管理层（或投资者）应对一个以糟糕经济状况著称的企业时，往往对促进企业声誉起不到任何作用。"业务失败是因为时机不对和运气不好，还是因为商业模式糟糕和计划无法实现？这是两种截然不同的情况，需要采取截然不同的方法。

如果你的业务仍有吸引力，但需要执行重要的战略转型，那么你很可能需要退一步，大幅降低估值对业务进行资产重组。采用过桥贷款或内幕交易方式维持高估值（在这种情况下，现有的投资者会花更多钱，但不会有新投资者来验证价格）可能毫无意义，而且设置错误的激励和资本上限框架只会使重组复杂化。不过硬币的另一面在于，转型可能是一个很好的机会：疲惫的投资者可以退后一步出售股票，而新投资者可以获得担保为企业的新战略融资。 不要把转型视为失败；这只是你需要解决的另一个难题，只有这样才能为公司和其他利益相关者创造新价值。

为实现成功而转型，而不要为摊薄股权而转型。 如果董事会成员试图退出，或投资者在情况变得困难时希望退出，最好让他们离开。 一个好的新投资者会明白，基金的动态性会让疲惫的投资者退出，而别人的卖出机会就是他们的买入机会。 虽然转型是发展过程中的常见情况，也不要养成鱼跃接球挽救企业的习惯。 转型过于频繁的企业会让投资者和员工感到眩晕，并随着时间的推移削弱利益相关者的支持。

PART 2
选择合适的投资者

第一部分提出的行动计划为建立成功且持久的业务奠定了基础。

第二部分介绍的法则是关于如何为企业选择最合适的投资者，这对企业来说至关重要。大家似乎都觊觎风险投资，但这是否真的对你适用？如果适用，你又会如何选择合适的投资者？创业孵化器风靡全球，你会参与其中并从中受益吗？战略投资者可能会在市场动荡时提供强有力的支持，但同时也带来许多棘手的问题。不管采取什么行动，请先做好功课。选择在个人层面和价值观层面都与你合拍的合作伙伴。确保他们的名声是有保障的。每个投资者都有其特殊属性和目标，所以是否合适才是成功的关键。

法则 29

不要接受陌生人的钱

　　妈妈的话总是对的：不要随便相信携带礼物的陌生人。当资本市场过热时，你很可能会遇到各种各样的投资者，他们试图跟你搞好关系以获得丰厚回报。没关系，回报几乎和真正的"独角兽"企业一样难以捉摸——组合投资者可以为了赢得某次随机的巨大成功而失败很多次。令人悲哀的是，绝大多数风险基金的回报还无法达到他们过去十年从有限合伙人那里筹集的资金。尽管各种新闻层出不穷，但思考一下谁真正能从初创企业中获利还是很有趣的。虽然多数企业家和风险投资者都失败了，但是获胜经济学的诱惑是如此强大，以至于对少数幸运儿来说，远比概率更有吸引力。那些投资组合落后的绝望赌徒们无法抗拒投资名义价值巨大的高价证券，即使这家公司眼下根本没有开展业务。在扑克游戏里，如果"底池赔率"——已有筹码与打算下注筹码的比率——让赌徒们着迷到忘记了获胜的实际概率，玩家就有必要担心一下了。

　　你需要尽可能增加成功的概率而成为幸运赢家。从仔细选择伙伴开始，因为早期投资者就是你的合伙人。他们不仅仅能带来现金，还能带来经验和关系。如果他们拥有技能和判断力，那就更好了。 你需要在肥沃的土壤中播种，尽一切努力优化各种成功条件。 投资者和董事会成员是至关重要的因素。 仔细选择你能找到的最好的利益相关者，并设置条件来激励他们为你多付出一些。

不要只选择第一个毛遂自荐的投资者。 你应当充分探索拥有的选择。 最好的企业家总在资金需求出现之前花时间和精力去满足潜在股东利益。 即便股东还没张口要支票，企业家也每天都在筹钱。 这就像球员们在上场前仔细检查场地，打算大展身手一样。 善于融资的人总是积极主动的，他们从不从陌生人手里拿钱。

法则 30

创业孵化器有利于寻找投资者，
而非发展企业

创业孵化器遍布全球，已有几十年历史。在那里，企业家们可以并肩工作，接受建议，并利用关系网将想法发展成可投资的企业。

Y Combinator 可能是最著名的创业孵化器，因为它催生了许多公司——爱彼迎、多宝箱、Zenefits 和 Stripe 等。该孵化器每年在旧金山湾区运营两个项目，每个项目为期三个月，参与项目的企业家们会聚在一起交流想法。在项目结束的展示日上，完成项目的企业家向许多风险投资者展示各自的商业计划。他们的融资成功率非常高。

一些孵化器专注于特定领域，比如医疗保健或可再生能源，而其他孵化器覆盖的领域更多。投资者普遍认为，虽然孵化器对创建伟大企业没什么帮助，但授予的学位确实很有用。孵化器的学员不仅会和其他优秀商学院的校友一样积极支持彼此，还会得到投资者的青睐。

据说从 Y Combinator 孵化的企业会在展示日那周彻底改头换

面，修改一下其他公司以往推介时用过的图表就拿来展示，哪怕两家公司根本就是风马牛不相及。 只要图表显示出完美的曲棍球棒线条，在任意轴上没有交叉点，向右上方不断拓展，那就说明他们获得了巨大的市场认可，这也算是 Y Combinator 的标准论调。 所以说，即便是用了跟公司完全没有关系的图表，他们还是能在展示日当天从投资者那里获得资金。 不管这事是真是假，你应该都明白了——在寻找投资者时，孵化器可以很好地替代关系网。

法则 31

只在必需时寻求风投资金

随着媒体对风险投资、初创企业和所谓"独角兽"企业的大肆炒作，人们会认为风险投资是为企业提供资金的最佳方式。 毕竟，与债务、朋友和家庭等其他资金来源不同，风险投资者知道创业过程中变幻莫测的风险，并愿意提供金钱以外的更多资源来帮助你取得成功。 风险投资者有时会因非凡的赚钱能力而受到崇拜，好像是他们自己创造了这种成功。 这有点像在触地得分后，贵宾看台区的观众和球员们一起在终点区庆祝（在美式足球的门外汉看来，这只是球员在得分后捶胸顿足的愚蠢行为）。 不过，对此最好多打个问号。

记住：风险投资是以公司有价值的股权比例交换而来的资金。 反过来说，你卖得越少，他们在游戏中得到的保护越少，对企业投入的时间和"增值"关注度也就越少。 所以，仅仅为了吸引一个好的风险投资者，你可能就必须放弃公司的很大一部分股权。 你不仅是在筹钱，还在出售所有权。

伴随所有权而来的是一系列管理条款和让步措施。 风险投资者将通过这些控制你什么能做、什么不能做，比如能不能出售公司或发行新股等。随着时间的推移，你会被要求把所有权归属给他们，以使你的激励机制与他们保持一致，即便你处于完全控股状态。

最常见的情况是，首席风险投资者会要求董事会席位。此外，他们通常会组建一个董事会，只给你留少数投票权。作为董事会成员，他们对日常业务拥有广泛权力，其中甚至包括解雇你后聘用替代者的权力。你这不是找了个合伙人，而是在雇用老板。

风险资本通过分配成功投资的股票和现金来奖励其有限合伙人——那些捐赠基金、养老基金和给他们钱投资的富人。如果不进行分配，风险投资者就无法筹到下一笔钱以投资更多的初创企业。当接受风险投资时，你就开始承担责任，在合理期限（可能四到六年）内以可公开交易的股票或现金形式向投资者提供变现机会。如果你对变现不感兴趣，或者不知道怎么去变现，那你就不是个合适的风险投资候选人。

风险投资带来了企业扩大规模的倾向。这可能正是你寻求风险投资的原因，但请谨慎一点。毕竟你所有的鸡蛋都放在了一个篮子里，而风险投资者投资了一堆鸡蛋篮子。风险投资行业越来越倾向于追逐"独角兽"和"大黑马"①，让他们来为破碎的鸡蛋买单。没错，风险投资者可能愿意在你的企业上赌一把，以获得

---

① 原文 black swan（黑天鹅），考虑到中文语境，改译为大黑马，下同。

创造非凡结果的机会，提高投资组合回报。这从理论上说可能大有裨益，但如果你的想法比他们更长远，那么就未来道路上要冒多大风险及如何快速扩张等问题，双方会有很大分歧。

最后问问自己，企业是否处于能够有效利用风险投资的阶段。如果能在没有机构投资的情况下厘清阻碍信心倍增的重大风险（对企业生死存亡的假设），那么最好在引进风投前先做好这件事——换言之，可以自筹资金。如果在引入风投之前发现自己的前期努力是徒劳的，就可以很轻易地撒手不管。相反，如果找到了自身的吸引力，你可以吸引顶级风投给出更优惠的条件。

许多风险投资者承诺带来金钱以外的更多资源，而实际上却没有做好"增值服务"。不要随便听信所有的营销信息。但最好的风险投资者确实可以在招聘人员、建立战略关系、筹集资金和债务、提高知名度和建立信誉等方面为你提供很多有利条件。在你需要的时候，要确保他们会提供给你最需要的东西。

风险投资者可能很善变。他们管理着投资组合，当然理应把时间、金钱和注意力花在能够提供最佳回报机会的企业上，而不是那些努力寻找方向的企业。他们给你开支票时当然青睐你，但当情况变得复杂时，他们还会与你并肩作战吗？如果不会，这就会给员工、潜在投资者和其他利益相关者发出负面信号。

你可以使用其他更易管理的资金来源，比如客户可能会提前付钱给你。如果能在不偏离核心战略、不放慢发展速度的情况下迅速实现正现金流，那么从风投那里筹集资金可能就没有意义了，反而可能带来一大堆麻烦。 也许你能在银行里找到一个有钱但想法差劲的空壳公司，把它与你的好想法结合起来，并朝着新的方向发展。 也许你可以通过众筹以筹集足够资金来证明想法。 有很多办法可以筹集到一定的资金。

诚然，多数企业家从未筹集过风险资金。 但相反，最有价值、最成功的企业却一直在筹集。 有些企业在没有引入风投的情况下已成长多年，当它们的规模和变现利益与风投不谋而合时，通常也会引入风投。

风险投资可以带来经验、人脉、指导和宝贵的技能，可以将理念转化为企业，将企业家培养为成功的领导者。 它们可能不是完美的选择，但对企业来说却是最好的选择。 所以，明智地去选择，了解自己能从中获得什么。

法则 32

选择风投时要选择
类型合适的投资者

仅在美国就有大约 900 家风投公司，这个数字大约是风险投资者数量的 3～4 倍。 除此之外，还有对冲基金、离岸基金、公司基金及其他寻找初创公司的投资者，所以你可以想象要从中有所甄别是一件多么难的事情。 我们顶着冒犯他人的压力，把风险投资者大致分为以下几类。

主题投资者： 这些风险投资者研究趋势，搜索研究领域，撰写有关大机会在哪里的论文。 他们进行分析，夸夸其谈，光说不做。 他们倾向于主动追求与自己论点相一致的企业，只把时间和精力花在这些企业上。 他们经常公开谈论看到的下一个大事件，所以很容易识别。 如果你符合他们的论点，你很可能就是个很好的投资对象。 如果不符合，那你就不是。 有利之处在于，主题投资者可以给企业带来坦诚的战略投入和市场情报。 不利之处在于，他们可能固执己见，听不进你的想法。

领域投资者： 这些风险投资者通常具备特定行业的商业经验，如半导体、医疗保健或金融服务（"金融技术"）等。 他们寻找专注于这些行业的企业，因为这是他们所擅长的，本质上相当于在明亮处找钥匙。 有利之处在于，如果你的企业处于某个领域投资者所追求的行业，你们会不谋而合。 他们可以带来丰富的行业经验和人脉。 不利之处在于，他们可能是经验的囚徒，对新行业的颠覆性思维持抵制态度。

量化投资者： 这些风险投资者与对冲基金一样，依靠确切数据来进行投资。 这是最近才出现的一个现象，与大数据、社交媒体和在线追踪技术同时兴起。 因此，这些投资者往往更年轻。 他们收集和分析大量最新指标来寻找新兴企业，这有点像每天展示音乐和歌手受关注度的流行音乐排行榜——只不过现在使用了计算机和算法进行分析。 这些投资者咄咄逼人，除了数据以外，他们不需要对你和企业了解更多。 他们专注于趋势指标，在财务结果对成长型投资者来说变得可预测之前寻找拐点。 有利之处在于，量化投资者了解如何使业绩得到增长，能够把相关观点和技能带到你的业务中，帮助你充分利用所有可用的数据增长工具。 不利之处在于，他们一般没什么经营天赋，在战略或执行方面几乎没有帮助。

人才投资者： 这些风险投资者相当守旧。 因为实在过于古老，现在又成了新鲜事物。 他们不认为自己比探索新领域的企业家更聪明，所以不去做研究。 他们也许具备特定领域的专业知识，但创业经验更加丰富，所以不得不另辟蹊径。 他们喜欢数据，但也意识到在最初阶段数据是不可靠的——数据经常撒谎。 所以他们诉诸时间和经验所赋予的能力——判断人的品质和性格的能力。 通过不断倾听企业家对于解决特定问题的想法，他们得出自己的想法。 如果你的问题能够引起他人兴趣，解决方案新颖，你就很可能会受到这类客户的高度重视。 如果你有成为伟大领导者的智慧、勇气、精力和热情，你就很可能非常适合这类投资者。 人才投资者的有利之处在于：高度重视人才，急于参与你和团队。 他们从人性的高度来看待挑战，认为仅让公司获得成功是不够的——创始人、投资者和公司应该一起跨越终点线。 不利之处在于，他们可能对你做的任何一件事都不太精通。

成长型投资者： 这些投资者主要从事后期投资，偶尔涉足初创企业。 他们是强大的金融分析师，用详细的模型来测试商业计划敏感性。 也正因如此，他们通常愿意投资已拥有大量财务数据的公司，并希望有足够多的运营记录可以证明这些数据是有意义的。 根据经验法则，要引起美国成长型投资者的注意，公司年营收至少需达到 1000 万美元。 经过仔细分析，他们根据随时间推移而变化的成长曲线下注。 有利之处在于，成长型投资者是熟练的金融架构师，他们擅长帮助公司做好最后的变现准备。 不利之处在于，他们只擅长分析，不懂运营，因此投入会相应产生偏差。

以上五种风险投资者都可能成功。 如果觉得合适而有默契，这五种人也会是有建设性的董事会成员和合作伙伴。 知道自己需要哪种类型的风险投资者，就会明白如何从他们身上获取最大价值。

法则 33

对投资者进行详细的尽职调查

与投资者建立长期合作关系前，最好详细调查对方的背景。在这儿我们就不做什么老生常谈的类比了，简单说就是做好功课。尽可能去面见投资组合公司的首席执行官、首席财务官甚至前合作人和前商业伙伴，以获得诚实的参考依据。他们的基金规模是多少？已经投资了多少？他们会为你的企业预留多少资金，是否会支持后续融资？他们会不会在后续回合中领投？他们对成功的定义是什么（获得 2 倍还是 10 倍回报？还是介于两者之间？）以及他们曾经如何应对过去的失望经历：是继续支持创始人还是在困难时期抛弃他们？

一定要跟失败个案的企业交流，而不仅仅是成功企业。你可以询问他们具体如何帮助相似阶段或行业的企业和创始人。更重要的是，了解他们如何应对挫折或变化。愚笨的投资者很多，而且交易条款和谈判难度看起来很有吸引力。但聪明的投资者会帮你增加价值，和你一起克服挑战，并在你需要时撸起袖子。哪怕估值较低，你也应该选择跟聪明的投资者待在一起。

要记住，对你来说最重要的是企业的合作伙伴，而不是合作关系。 只要首席合作伙伴有能力帮助企业发掘资源，投资公司就是次要的。 正确的合作伙伴知道商业计划都是动态的，愿意根据新信息和新机遇来修正前进路线。 正确的合作伙伴比估值更重要。毕竟，你不会因为便宜而为团队雇用一名平庸的高管，你会希望在每个职位都雇用到最好的人——那些能改变游戏规则的人，而不是啦啦队长。 因此，在选择投资者时，不要退而求其次。

法则 34

个人财富 ≠ 良好投资

　　曾经，一位著名的风险投资家被一位抱负远大的企业家问及他到底有多成功。 风险投资家回答道："我深谙游戏规则，可以帮到你。 历史记录说明了一切。 20 世纪 90 年代后期那个时候我们都没经验，在餐巾纸上草草地写下商业计划就好了。 风险资本家们都在奋力投资。 1999 年爆发科技泡沫时，我们在上市前都没发过货。 上市第一天股价涨了 2 倍，不到 6 个月就被美国在线①以很高的溢价收购了。 我这个 22 岁的毛头小伙子一下子就达到了 6000 万美元的身家。 几十年风险投资下来，我现在身价超过 8000 万美元。 我简直可以点石成金。"

　　好吧，让我们来计算一下：当然，他在 1999 年中了大奖，但从那以后，约 17 年的投资只带来了 2000 万美元的收益。 这大约是 1.7％的年回报率，而年均通货膨胀率就超过 2％。 哪怕是最值得信赖也是最保守的证券——国库券，在同时期的年收益率也达到 1.6％到 6％。 因此，他宣扬的成功是把一家从未发货或从未赚到

---

　　① 美国在线(America Online)，2000 年至 2009 年期间是美国时代华纳的子公司，著名的因特网服务提供商。

1美元的公司在一个非理性繁荣的市场上进行首次公开募股。 在科技泡沫破灭之前，该公司幸运地得以出售，而其后的投资回报比低收益的国库券还要低。

即使是在某些市场周期中因表现出色而受人尊敬的投资者，也可能会与你失去联系。 在牛市中表现勇猛确实可圈可点，但是在熊市中的勇猛表现并不明智。 财富和名望不一定与智力相关，也不一定与投资智慧相关。 我们往往会由于效果好而去追根究底，但有时根本找不到原因。 因为运气很难复制。

去选择一个能为你传授经验并满足企业需求的投资者，一个经历过商业周期仍能屹立不倒的人，一个总能因势利导地将经验应用于各个行业和技术的人。 去相信良好的判断而不是历史纪录，因为你永远不知道后者在多大程度上反映了敏锐和智慧，而不是单纯的运气。

法则 35

选择具备运营思维的投资者

成功的风险资本投资者应该具备三个特征：

1. 拥有提供良好交易流量的强大关系网；

2. 健全的判断；

3. 培养投资企业及其创始人取得成功的能力。

让我们来看看这些技能怎样匹配你的需求。

交易流量和关系网指投资者通过投资联合体、顾问、共同投资者、专家和战略合作伙伴等所能接触到的企业创始人、想法、人才和合作伙伴。例如，投资者的网络能否帮你招募到优秀人才？他们与那些可以带来投资、协助共同发展，甚至在某个时候收购你公司的战略合作伙伴是否有联系？他们的信誉能否帮助你在接下来的几轮融资中吸引到客户和资金？

健全的判断指的是选择最佳投资项目的能力，与指导企业做出最佳决策的能力无关。他们的投资嗅觉很好并不意味着在每天工作中对你有所帮助，所以如果他们凭借投资要求得到董事会席位，你就得仔细考虑一下。

除了强大的关系网和良好的判断力以外，还有另一个更重要的方面: 他们是否具备能够帮助你和企业取得成功的经营经验和技能? 他们是否有能力在任何时候支持你和团队? 你和他们是否默契到可以建立彼此间的信任、尊重和信心?

风险投资常被描述为彩票, 一将功成万骨枯。 越来越多的投资者更倾向于追求基于纯粹统计数据的投资组合策略, 而非建立令人信服的单一业务能力。

事实上, 当不可避免的经营问题出现时, 投资者往往无法与初创企业的管理层开展合作, 因为他们不具备相关经验。 自从风险模型"问世"以来, 几乎每家风投公司的每个投资组合都曾一度面临麻烦, 需要董事会和投资者密切配合才能解决。 因此, 投资伙伴的运营经验是一项重要资历。 永远不要从无须自己发工资的首席投资者那里获得资金, 这是一条上策, 因为他们无法完全理解你所面临的情况。

对合伙人来说, 风投需要把投资者的利益放在首位, 其次才是管理者的利益。 但对你来说, 他们必须首先是管理者, 其次才是投资者。 你不是要选择一个伟大的投资者, 而是一个经验丰富的商业伙伴。

世界上最好的投资者可能也无法帮你取得成功, 除非他们能比以往付出更多。 请确保你的投资者久经风雨, 有勇气和毅力帮你做出艰难决定。

法则 36

直接与决策者打交道

风投公司规模各不相同。 但总的来说它们是专业投资人士与合伙人的集合。 合伙人可能拥有花哨的头衔，但没有做出投资决策的权力。 注重与决策者接触，而不是与其下属互动。 太多企业家把时间浪费在投资公司的年轻员工上。 创业者在接到一家顶级公司的业务咨询电话时可能会感到受宠若惊，但可悲的是，多数情况下，打电话的人只是在收集你和竞争对手的信息。 年轻人往往会在未经考验的情况下被派去寻找机会。 那只不过是一点点兴趣而已，因此，除非决策者出席并参与进来，否则你不宜花大量时间去配合尽职调查，因为你的时间比他们的更宝贵。

年轻员工可能相当聪明，他们可能擅长发现市场趋势并跟踪突围机会，但他们缺乏评判企业潜力的经验。 因此，错误地与合伙人开始合作，可能会不必要地影响公司对你企业的第一印象。 如果想给对方留下良好的第一印象，请与决策者合作。 跟年轻人进行一下初步讨论，如果打算继续合作，请与决策者会面。

如果你已经处于对方的投资组合中，却发现对方在你的董事会中用一名合伙人替代了投资伙伴，那么就要小心了。 因为你有成为"预抛弃投资"的风险。 无论替换者多么迫切，他们可能地位不够高，难以吸引你所需的注意力和资源。 这对于随后的融资决策尤为关键。 因为到那时，最为重要的是再次获得资金决策者的惠顾和关注，以确保继续得到支持。

法则 37

寻找稳定的投资者

我们都看到过投资者如何在很短时间内出现重大战略转变，例如从生命科学或消费硬件转向移动应用或企业软件。 投资者经常被贬称为旅鼠①，这不是偶然。 如果有合伙人在融资中期离开公司以寻求更合适的投资目标，合伙人企业内部就会发生人员变动。

成长型投资者和战略型投资者也是如此： 前者能够压抑住盈利欲望，在企业成长早期固守阵地，但在市场降温时迅速退出；而战略投资者则在企业每次调整其业务策略时改变自身投资战略。通常，这些投资者相信自己可以超越久经考验的风险投资家。 但当他们无法挑选、获胜或创造时，又会迅速退出人们的视线。 相比于选择没有业绩记录的早期企业家和机会，投资于那些有强大业绩指标指引的后期业务要容易得多。

企业总会随时间推移不可避免地陷入运营困境，私营企业则需要更长的酝酿期，投资者的耐心、稳定性及能否获得后续资本至关重要。 与可以长期依赖的人和组织合作，或至少合作到你取得成功的时候。

---

① 语出"旅鼠效应"，泛指团队中盲目跟随的行为。

法则 38

选择有助于未来融资的投资者

目的明确、执行良好的第一次融资将为以后的融资奠定基础。请注意，在每次融资时，你不仅是在筹集宝贵资金，还增加了推广人员数量和更多资本的潜在来源。内部人士的热情介绍对于建立你的信誉大有裨益，也会吸引优秀投资者加入后续融资环节。志趣相投的投资者一般彼此了解，并建立联合关系，在实质上分享共同利益的来源和资金。如果可以的话，你可以把之前一轮融资中的一家主要投资者的合适合伙人引入董事会，这样他们就可以把投资者网络带到以后的融资过程中。

说到这里，你可能觉得最好有个早期首席投资者来为你未来的所有需求提供资金，从而减少花费宝贵时间来满足长期融资需求——说白了就是一站式购物。但是，虽然这样可以让你专注于业务而不用花时间去融资，但这也造就了单一的投资者文化。你最终只能得到一个建议和一个方向，即对你和企业只有一个看法。尽管这位投资者可能很好，但有多个投资者总比只有一个好。此外，如果情况变糟，你就只能完全依赖于一家公司和其意见，而不是多元视角。这可能会令你的融资基础变得非常薄弱，相当危险。 如果单一资金来源不能或不愿在你需要时提供支持，那就会带来融资风险。 而且，在只有一个投资者的情况下，后期定价和条款就无法对它形成市场压力。

请注意，红杉资本领投了 WhatsApp 的每一轮融资，但当 WhatsApp 被 Facebook 以近 200 亿美元的价格收购时，并没有人抱怨 WhatsApp。 然而，你可能正在为图方便而付出过多代价。 找到高效的集团投资者通常会在以后给你带来较好的回报。

法则 39

投资者集团需要进行管理

在投资者集团中，联合投资者经常指望首席投资者为企业承担责任，因此不会为你的成功投入足够的软资本。 他们在休会期不花时间，也不为公司收集资源和人脉。

要是没有一个投资者拥有足够的所有权来充当领导者，那就更加麻烦了。 如果投资者坚持购买你企业的特定股权比例，你也应该坚持让他们投入时间和领导力来作为回报。 如果没有强有力的领导，你很可能要在管理内部投资者关系和督促风险投资者方面花大量时间。

不要将首席投资者和首席董事相混淆。 首席投资者是设定融资条款的人，也经常出任董事会成员。 首席董事可能是首席投资者，也可能不是，主要负责协调董事会并与你联络。

投资者集团就像委员会或大型车队，最慢的成员决定你的整体速度。 拥有一个更大的投资者集团并不一定是坏事，但你应该仔细选择这个集团，为有积极性的领导者提供足够股权，并花足够时间与每位投资者相处以确定他们对你的成功有价值。 从某种程度上来说，你可以向每位投资者阐明你的期望并与首席投资者密切合作去实现期望。

反过来，首席投资者应投入足够的时间和精力来领导股东，并为其总体贡献承担责任。你需要与首席投资者建立密切联系，因为他们是你派到集团去的特使，也是集团派到你这儿的特使。

法则 40

资本密集型企业需要雄厚财力

相比其他多数企业，复杂的资本密集型企业可能更容易遭受挫折，导致进展延期，需要比最初预期更多的资金。 例如，生物技术产业的价值创造成本高昂，其大部分价值是在一系列长期、多变和昂贵的试验后，经过监管机构批准才能被创造出来的。 因此，在生物技术领域，许多预审资金要么来自大型的特殊投资者财团，要么来自进行战略投资的大型制药公司，他们希望通过提供资金和专业知识来引导监管过程并得到创新成果。 因为你是无法掌控时间的，所以你需要投资者来为可能的延期和挫折买单。 因此，对这类投资者而言，一个重要的限定因素是他们对"交易疲劳"的敏感性。"交易疲劳"是一种病态的心理，指患者缺乏韧性却又期望在不成比例的短时间内完成计划的执行。 专门从事种子阶段或消费软件的投资者不适合在生物技术领域发展。

硬件企业同样需要雄厚财力。 它们需要更长的时间开发概念产品，其运营成本更高，需要大量运营资本用于发明创造。 由于烧钱速度实在太快，它们少有转型机会。 在这个数字化时代，仍有一些投资者专注于投资伟大的硬件创新，并为此提供雄厚的资金支持。 尽可能始终确保投资者适应行业性质、风险类型、商业化时间框架和回报情况。 一个不开心的投资者会让你本已艰难的工作变得更加艰难。

法则 41

战略投资者构成独特挑战

那些现金充裕但缺乏创新的企业经常投资于初创企业。 除投资外，他们还提供技术诀窍、人脉资源、市场验证和潜在并购退出机会。 有时他们也与初创企业合作，在企业内部提供特定的商业机会，并成为滩头客户（首批客户）。 这听上去很吸引人，有时也确实如此。 但从战略投资者那里获得资金是件棘手的事情。

首先，所处的投资阶段很重要。 如果企业处于生产或销售前阶段，那么战略可以非常灵活。 你的最终产品或服务、价值主张、商业模式、目标市场和增长战略等仍有待确定。 如果战略投资者对公司前景感兴趣，他们会衡量你的最终战略能否与自身战略相匹配。 他们可能一开始把你当作一家为企业提供软件的公司，结果到下一轮融资却发现你原来是家为消费者提供硬件的公司。如你所想，这种变化将让他们重新考虑是否继续投资。

第二，战略投资者之所以被称为战略投资者，是因为他们所寻找的投资旨在促进其商业战略。 问题是他们的战略可能会改变。因此，你可能还是那家为企业提供软件的公司，而他们现在的战略可能是需要为消费者提供硬件的公司了。 你有两种不可预测的变化策略，只有与他们保持一致才能充分利用好这一关系。

此外，资本构成表写明的战略投资者——或者更糟的是，进入董事会的战略投资者——可能会吓到其他公司，比如他们的竞争对手就会拒绝跟你做生意。你会发现自己为了讨好一个伙伴而疏远了其他人。在寻求合并或收购时，情况就更加复杂。如果有企业发现竞争对手可以通过内部渠道收购，那么竞争性投标可能会极少。因此，一旦引入战略投资者，公司价值可能就会被限制，至少也是大打折扣。

而且，战略投资者不是可靠的后续投资者。一旦他们选择不参与，在随后的几轮融资中就会是非常消极的信号。

战略投资通常与战略业务协议联系在一起。战略投资者之所以特别有吸引力，是因为他们能带来比金钱更多的财富，为你提供组织、品牌、销售渠道和/或客户等好处。他们的投资部门可能会为你欢欣鼓舞，但业务部门可能会感觉受到威胁或者漠不关心。你可能会在战略投资者内部遇到棘手的冲突，也许永远也得不到与他们的资金和谐共处这一商业优势。

有时候你必须将战略投资者代表排除在敏感讨论之外，比如是否与其竞争对手或竞标对手打交道；如果董事会中有战略投资者代表，那么情况就非常复杂，必须精心安排。战略投资者也可能会在受托责任和私利之间左右为难。

毋庸置疑，接受战略投资者的投资就意味着接受挑战。 他们可能是值得的，因为也有很多例子说明他们是非常好的合作伙伴，甚至是有吸引力的收购者。 但你需要做足功课，从一开始就与其构建合适的关系。

PART 3

理想的融资

第二部分介绍了选择合适投资者的法则。

在第三部分，我们分享让企业获得"最佳"资金的法则。融资策略不应该是随机的；相反，它需要根据创业阶段、企业绩效、所处行业、宏观经济指标和投资者情绪等因素进行调整和完善。最重要的是，融资策略应与企业的商业模式保持一致，并顺应后续股权、债务和运营资本的要求和限制。融资是个时间陷阱，你在融资的时候，竞争对手正在招募最好的人才以赢得客户并取得关键竞争优势。本书的这一部分将帮你做好融资准备，尽量减少风险干扰，同时保持对过程的控制以产生最佳结果。

法则 42

消除风险的同时分阶段融资

多数创业公司在整个生命周期的不同阶段融资。 你可能经常会听到这样的术语，如"种子阶段""A 系列""B 系列"[①]"生长阶段"等。 这些定义总在变化，根据公司的不同发展阶段(产品前、销售前、收入前等)和正在筹集的钱款总额(融资总额随资金消耗率增长而增加)而有所变化。 坦率地说，这些阶段表明投资者的注意力正在转移——天使投资者更多聚焦于种子阶段的风险投资，大型风投企业更倾向于投资成长阶段——就像他们对初创企业成熟度的关注一样。 为什么要分阶段融资？ 融资既消耗时间又令人焦虑——为什么现在不一次性筹集完需要的所有资金呢？

第一，如果筹集了多于需求的资金，并试图过早地把消除风险一步做到位，你将付出巨大代价。 考虑到公司还有很多需要证明和完成的事项，如果在需要不断调整风险的基础上"一劳永逸"地募集完所有资金，那么股权将被摊薄，估值将变得极低，以致你和团队无法从中获得令人信服的价格优势。 简而言之，一开始的时

———————

① 原文如此，与国内 A 轮 B 轮的称谓有所差异，下同。

候你过于冒险了，将来会无法以有吸引力的价格筹集到所需资金。

第二点是基于第一点的推论，如果你能在每个阶段使用筹集资金来消除最大风险，那么投资者就会愿意在以后的几个阶段中以更高价格进行更多投资。 这将最大限度地减少你和团队的股权摊薄，同时让你更加明确如何把好钢用在刀刃上。

第三，如果你一直致力于降低风险并指望以此赢得顶级投资者的尊重，那么你就不太可能吸引到优质投资者完成一次性融资。 你可能以为所有投资者都在寻找最低价格，但事实上，他们只是在为潜在大赢家寻找风险调整后的最佳价格。 如果在你展示成果前，投资者没有什么能增强信心的特殊发现，他们会更愿意继续等待。 随着公司持续运作，你将能够把更多人才纳入资本构成表和董事会，为成功创造一个更强大的生态系统。

第四，过早筹集太多资金会破坏纪律，导致你偏离正轨。 每隔几年重返市场获取更多资本会提醒你持续努力，并面对企业现状。 由于现金给了你太多信心，你可能无法有条不紊地尝试假设、交付技术、展示产品和验证市场，无法在扩大规模之前证明企业的经济效益。 太多的金钱会使你远离重要的市场反馈，让你忽略那些显而易见的东西，执拗地认为只要通过更多时间和努力，你就会证明自己是正确的。 你也许能证明自己——但在每个阶段发自内心地去面对问题才是更健康的状态。

第五，在有客户之前要先有投资者。 在市场证明一切之前，他们是你能得到的最好的市场反馈。 尽管这种反馈不完美，但在凭感觉一路向前冲的创业初期，这种反馈是无价的。 当你在各个阶段要求他们投资时，倾听他们的反应可能对你很有帮助。

事实上，当市场繁荣时，投资者愿意对你的风险进行远期定价，好像一切风险都已经消除了；在这种情况下，通过单次融资筹集多个阶段的资金可能是有好处的。 但是"一劳永逸"的融资绝不是灵丹妙药。 要维护好你和利益相关者的价值并执行市场纪律，只有一个久经考验的办法，那就是： 随着风险的消除和业绩成果的显现，连续几轮进行融资。 记住： 在接下来的每一轮中，只要早期投资者没有领投新一轮，他们就跟你在同一条船上；他们也期待最好的投资者、最高的价格和最低的摊薄率。

分阶段融资的一个好办法就是在当前融资结束后立即为下一轮写一份 10 页草案。 这份草案主要包括你希望取得的进展及花完刚刚筹集的资金后希望展示的推介内容。 幻灯片标题可以讲故事。 它会让你完全明确哪些事情需要完成及怎样分配时间和资源。 它还能让你对融资这个永不停止的任务保持关注。 所以，如果你刚为 A 系列筹集完资金，是时候坐下来为未来的 B 系列写一份 10 页草案了。 这将帮助你确定关键的阶段目标，清除可能遇到的任何挫折，并防止你在遇到困难时不知所措。

法则 43

最小化股权摊薄并非融资目的

在每一轮融资都提出更高估值可能会让你"压力山大"。 吹嘘公司的民间融资估值已成为一种自豪感。 曾经，自豪感只会来自于吹嘘盈利能力和成果，但那是另一回事儿了。 也许值得注意的是，私人控股的"独角兽"公司实际上并不存在，尽管一些投资者似乎已经忘记了这一点。 只有在公司可以变现，你可以数钱的时候，"独角兽"企业才是真实的。

民间融资估值与企业的实际或潜在价值最多也就是间接相关。它更多受到融资环境竞争力和投资热门趋势的影响。 无论在什么市场，估值都会波动。 由于民间融资市场规模较小且缺乏流动性，你该知道私营企业的估值是非常主观和不稳定的。 可悲的是，这种影响往往只会导致两个选项。 企业和投资对象要么集万千宠爱于一身，要么被打入冷宫青灯古佛伴余生。

因此，在现金流达到收支平衡前，你需要一直谨慎制定融资策略；掌控业务的关键就在于此，而不在于某个新投资者。 你的目标应是在每一融资轮中获得更高市场估值，筹集足够资金，然后在接下来取得足够进展，将估值提升到更高的市场水平。

如果将估值设定为市场某个泡沫时期的最高水平，而不是下轮融资时可以达到的水平，那么估值就定得过高了；这样一来，你就很可能需要在下轮融资时下调估值——这会有损士气和势头。 在下轮融资过程中以较低估值获得资金本身并没有什么坏处；但投资者、员工和客户可能比较难以接受。 你绝对不会希望呈现出一副萎靡不振的样子，给下一轮融资（以低于前一轮的估值融资）带来负面后果。 你签署的投资意向书中会有这样一段规定： 前几轮融资价格应根据新的较低估值做出调整。 所以你会遭受两轮重创： 本轮融资的摊薄效应和前几轮融资的更多摊薄效应。

一定要预测未来融资轮的定价，并尝试对公司进行估值，这样估值就有可能上升而非下降，即使这意味着今天的估值会更低。不要把估值最大化；通过持续增加的资金估值来展示公司持续发展的势头，从而实现估值最优化。 如果担心股权摊薄，不妨以较低估值筹集较少资金，以平衡摊薄效应。

如果你真的决定接受泡沫估值，应考虑筹集远多于现阶段需求的足够资金来建立缓冲区和资金池，以避免未来需再次进行融资。如果条款足够有吸引力，你甚至可以一次性为多个后期阶段提供所需的全部资金（省着点花，避免大手大脚）。

有些企业家出于吹嘘目的而不是商业目的，试图用交易条款而非价格来解决估值分歧，这其中的关键在于各方如何看待风险和潜在结果。 如果融资活动未能按计划进行，你可以通过新股发行、棘轮条款来处理这两个问题，可以有效降低股价。 但这种方法并不稳定，只能作为万不得已的选择。 这为未来几轮融资树立了糟糕的先例，并会导致管理层和投资者的利益分歧。 毕竟，投资者可以通过棘轮条款从短期失败中受益，而你无法受益。 如果你试图确保投资者的回报也就是使用提高回报率的方法来解决估值差距，你就在一定价格范围内制造了变现冲突，因为投资者能获得几倍收益，而员工却一无所获。

正确的答案是，放弃一切复杂的做法，设定一个公平的估值，即使不是最高估值。 这有点像打台球： 你想让面前的球入袋，同时需要让下一杆的目标球走到位。 摊薄效应从来都是两面的；现金快用完了，终点也快到了，你必须立即考虑下一轮融资。

法则 44

不要让暂时困境成为永久错误

无论你打算接受来自何方资本提供者的资金，是投资者、贷款者还是销售商，都必须充分了解附加条件内容，以全面评估其"成本"。这一点在当你需要进行多轮融资时尤为重要。第一轮融资时确定的条款在后面几轮很难取消。因此，尽量接受简单、普通和常见的条款结构。如果每次谈判都只是急于解决燃眉之急，而非长期战略计划的一部分，你很可能是在给未来的自己制造麻烦。我们所知的一家公司以一些投票权为代价换取了比较有利的估值，这实际上赋予了投资者对未来融资和变现等公司决策的否决权。在后来几轮谈判中，该公司试图取消该条款，但每位后续投资者都坚持把类似投票权作为投资条件，这样实际上也赋予了他们否决权。也就是说，关键决策权不再掌握在管理层和董事会手中，而给了股东，这势必会造成混乱局面。如果该公司宁可接受稍低估值也不接受这些麻烦条款，这种局面在第一次融资中就可以得到解决。

最好就投资意向书中所有争议条款进行协商，以免在最终文件谈判时为额外要求所蒙蔽。尤其在那个时候，融资中断会对你造成更大的伤害，让你无法全身而退。 无论是股权融资还是债务融资，争议条款协商都必不可少。

记住，要做一个聪明的谈判者。 你不是在卖汽车，而是在寻找值得信赖的合作伙伴。 谈判的关键是解决问题，而不是讨价还价。 明确自己需要的条款，不要在其他方面浪费时间。 也应该了解投资者需要什么样的条件，并尽可能地满足他们。 坚壁清野的想法会给这种关系奠定错误的基调，也不会给你带来任何重大影响。 谈判是彼此评估性格、判断力和默契度的又一次机会。 如果你老是为了面包屑打架，没人会给你蛋糕。

你不仅仅是在解决今天的问题，也在为解决明天的问题做好准备。 如果一开始就搞得很复杂，就会被困住。 因此，寻找那些愿意与初创企业分担风险、分享潜力的资本提供者，寻找那些愿意与你并肩作战，而不牺牲你方利益的利益相关者。

例如，那些支付更多资金参与进来的后期投资者们经常在财务方面制定一些条款以保护那些对他们不利的方面，而不是在有利的方面与你结盟。 他们的条款就不太可能适用于早期业务。 一个真正具有颠覆性的企业，加上一个在热门市场上仅需有限资金的计划，再加上提前大规模退出的可能性，可以让你具备挑选投资者和条款的条件。 因此，在这些事情上，所有人都需要谨言慎行，小心谈判。

法则 45

根据实际情况寻求最低成本资金

随着业务逐渐成熟，现金流变得更容易预测，企业可以从单纯的股权融资转向更多的债务融资。但请记住，这种转变需要高度自信，即相信运营产生的现金流足以用于偿还债务。

企业家通常认为，如果有人愿意借钱而不要求股权回报，他们就获得了一笔意外之财。然而，如果借款在收入开始进账前就已经到期，资金损耗率就会急速上升，资金耗尽的那一天也会在错误的时刻加速提前到来，这会令你感到震惊。

当现金流存在明显操作风险和不确定性时，你也应该更加保守，避免使用杠杆，即便还有成本更低的资金也应如此。出售股权已经代价高昂，但债务持有人还会要求获得某些权利和担保；如果时间拖长或进展不达预期（不达预期是常见情况），这些权利和担保会严重限制你的选择。如果遇到瓶颈，需要削减开支以备不时之需，债务可能早在企业瘦身重达健康之前就已经整垮了你。

如果无法用正现金流偿还债务，担保贷款就会变得像优先股那样，有权要求你清算资产或企业以偿还债务。这种担保权益的优先级高于优先股投资者、你和普通股投资者。如果债务到期不能按时偿还，你实际上已将控股权拱手送给债权人。

债务适用于那些能从相关税收减免中获益的企业。 对有信心偿还债务的公司来说，那是更便宜的资本来源。 但这种情况不会发生在创业早期阶段。 因此，在集中精力用股权为企业融资的同时，尽量减少债务和限制租赁(长期债务)方是明智之举。

法则 46

摆脱企业债务陷阱

市场上有许多类型的债务，如银行贷款、风险租赁和风险债务等。 银行贷款通常是为现金流和盈利率可预测的后期业务而预留的，利率相对较低，条件相对优惠。

风险租赁是购买资产时产生的债务，作为贷款担保。 贷款人可以是卖方，也可以是第三方。 如果资产保价，这些条款就很有吸引力，即便有订金、预付款和后期付款等附加条件，在违约时依然容易收回。 但幸运的是，对初创企业来说，承租人的生存能力不如资产的剩余价值重要。

风险债务是向高风险初创企业提供的特殊贷款，这些初创企业尚未盈利，可能现金流非常有限甚至根本没有现金流。 与风险租赁不同，风险债务可用来支付任何费用。 它们不对所购买资产提供担保权益，因此条款可能非常昂贵。 但是风险债务的出借方通常要求对企业知识产权等无形资产拥有担保权益，以便在违约情况下施加压力。

支持风险债务的观点似乎令人信服：1. 它为延长融资期限和获得更高估值提供了更多时间；2. 它允许所有者以较小摊薄保留

较大股份所有权；3.通过提前引入额外资本，它能帮助公司更快达到阶段业绩，从而为投资者带来变现机会。它可用于应收账款保付代理（比如尚未收回的应收账款预付金）或流动资金融资。如果风险债务能够像"零首付，明年还清"的汽车贷款那样，允许延期偿还本金或利息，那么即便最终仍然要偿还也看上去很美。如果我们生活在一个完美世界里，那么风险债务的确有其吸引力。

但是毋庸置疑，完美世界并不存在。你应该做好如下预案：调整方向、完善路线、调整阶段目标，以应对未来挑战和风险。风险债务会让你陷入困境。随着债务久拖不还，做出改变也许不太现实，因为投资者只对创造新价值感兴趣，而对支付旧债务漠不关心。最起码，当你陷入困境时，风险贷款人可以协商的余地更多，因为他们控制着大局。

一些企业会通过支付费用和授予认股权证以确保企业债务安全，但除非他们看到明显的机会，比如让估值大幅上涨的渠道或需要填补的现金缺口，否则无法实际取走现金。然而，要谨慎接受贷款，如果事情变得困难的话，你可以以后再贷款。货款合约中严格的重大不利变更条款（所谓 MAC 条款，即业务的任何重大变化可能导致贷款人回收贷款），最低存款规则或补偿余额要求（要求在与放款人相关账户中存有足够资金以满足债务要求，有效地将贷款收入作为抵押品，什么也不给你留下）可能意味着你在最需要钱的时候，已经根本不符合条件了。购者需谨慎。

　　如果在考虑了所有风险后，你决定承担风险债务，那就请做出明智的选择。条款通常具有可比性，但最好的条款不一定等同于最好的交易。这些条款内容包括利率、付款时间表、贷款担保、未来以优惠价格购买股票的担保、贷款收回条件和融资契约等。更重要的是，选择一家信誉良好、在出现问题时能够与企业和投资者站在一起、帮助企业生存下去的贷款公司，而不是一家拔了橛子就走人的所谓关系借贷公司。

　　相对风险债务而言，结构合理的风险租赁可以提供较低的资本成本，给企业带来的风险也比较有限。那些昂贵的电脑、桌子、椅子和生产设备可以通过租赁方式逐步支付，而不必马上就用昂贵的风险资本一次性支付。

从以下四种方法中选择一种
来决定融资金额

关于筹集多少资金的问题，人们似乎总有一些困惑。 这其中有很多变量——估值、资金消耗率、关键目标、时间、稀释效益等——会扰乱简单的分析。 投资者可能倾向于在现阶段少融资减小风险，而后在估值较高时多融资；而你和团队则可能希望现阶段多融资消除压力，并带来加速扩大规模所需的资金准备。 好在有四种切实可行的方法可用于确定每个节点需要筹集的资金量。

阶段目标法

第一种方法是最常见的。 首先自下而上制订一个财务计划，确定在什么时间段内需要什么资源，以便实现预定的增值目标；只有达到目标，才能筹集下一轮资金或实现正现金流。 预先设定的目标决定了怎么操作。 如果你考虑周全，确切知道自己需要什么，并能实现阶段目标，那就表明状态良好。 一方面，你可能严重低估了所需的时间和资源（类似的糟糕情况时有发生）。 这意味着，无论你计算出多少资金需求，都要再增加10％到50％来预防未知情况。 企业所处阶段越早，就需要越大的缓冲空间。

另一方面，不确定性的存在可能会让你倾向于获得多于实际需求的资源，并导致计划不必要的膨胀。 臃肿的计划意味着烧钱更多，而烧钱越多，反过来又会降低你对不可预见挫折（比如宏观经济、融资环境或内部情绪等变化）做出反应的能力。 取得正确的平衡是件棘手的事情，你如何解决这个问题在很大程度上取决于个人风险偏好及企业获得资本的途径。 不管存在什么劣势，每个企业都应该有一个自下而上的资金需求详细计划，但显然利益相关者需要意识到计划会随着时间推移和形势变化而改变。

资金消耗率法

另一种方法是基于资金消耗率的方法，这也是检验业绩里程碑方式的一个明智做法。 这就需要自上而下有效实施计划：设定合理的资金月消耗率，用取得有意义进展的预估所需时间加上下一轮融资完成的预估所需时间；把两者相乘，就是需要筹集的资金总额。 这种方法使用时间指标而非业绩里程碑来衡量进度，往往更适用于种子期这样的创业最早期阶段的企业。

最重要的是，在使用这种方法时，你需要准确预估下一轮融资需要多长时间，并对此过程中的任何失误完全负责。 设定时间会因市场状况、加薪幅度、公司认同和企业发展而有所差异——但 3 到 6 个月是比较合适的。

把资金消耗的过程想象成把钱放进两个口袋：右边口袋装着要花的钱，把这笔钱用于实现业绩和降低风险；左边口袋装着回家的车费，用于在下一轮融资前保持公司正常运作。确保将所有花费囊括在每月资金消耗中，包括工资福利、租赁偿债、固定成本（租金和水电）、可变成本（营销和销售），以及外部项目和顾问的开销。

这种方法要求你在一个固定的预算范围内运营。对早期创业而言，保持精干和节俭是很好的原则。

运营周期法

第三种方法是一个更顺畅的滚动过程，即根据行业和阶段设置特定的目标运营周期。比方说，融资过程在开始后的 6 个月内完成，对你来说可以接受，而且你需要始终保持不少于 6 个月的流动资金，那么就应该设定 12 个月的资金消耗量。这意味着，当你的资金消耗接近 12 个月的水平时，需要迅速筹集更多补充资金——最好远多于接下去 12 个月的消耗量。不管怎样，你总要在银行账户里努力拥有至少 12 个月的运营资金。如果资金少于 12 个月的消耗量且对下一轮融资没有把握，你就应该开始逐步削减成本，按资金需求来延长运营周期。也就是说，在资金耗尽之前可以通过管理风险来慢慢缩小组织规模，以避免出现资金链断裂的问题。

然而，这种方法对纪律和毅力要求很高。从本质上说，你的企业总会按计划逐渐调整资金消耗率，尽量不让它触底。特别是当融资速度慢于预期时，这可能是个无奈之举。不过，这确实有助于企业平稳适应现实情况，而不是在最后一刻突然削减支出。如果采取这种方法，需要尽可能使运营支出灵活可变，这样可以在不中断最重要活动的情况下不断调整支出。

摊薄法

有时候融资只取决于你和你的企业有多受欢迎。如果你炙手可热，而且身处热门行业，投资者可能会纷纷向你砸钱。如果估值足够高，你就可以采用摊薄法而非前三种方法来估算融资量。这种方法实际上分析的是计划外还能筹集多少资金，因为超额认购是件很容易的事情。这里的重点是摊薄。先设定一轮融资时你愿意摊薄的金额数量，乘以你获得的丰厚估值，那就是需要筹集的资金量。

打个比方，如果你需要 100 美元，并且觉得公司值 400 美元（前期估值，即融资前估值），打算卖出 20% 的股权来筹集这笔金额（20% 的股权值 100 美元，那么 100% 股权值 500 美元，这就是后期估值，即融资后估值）。但是，如果有人觉得公司值 800 美元，而不是 400 美元，那么 20% 的股权摊薄可以筹集到 200 美元。在这种情况下，你可能会决定最多摊薄 15% 的股权用来筹集 140 美元。

来看看棘手的问题是什么。不要因为钱多于预期就接受怂恿从而扩张计划。 你应该把钱存起来，这样可以得到更多运营时间，多花点钱去试验。 在筹集下一轮资金前或在实现现金流收支平衡不需要再度融资前，做出更多成绩。

使用阶段目标法时，你设置了绩效限制。 在资金消耗率法中，你设置每月资金消耗率定额。 在运营周期法中，你设定时间限制。 在摊薄法中，你通过股权摊薄解决问题。 实际上，所有这些方法都互相渗透，你很有可能会使用前三种方法。 如果足够幸运，在融资过程的某个节点也许可以使用第四种方法。 你应该对这几种方法了然于心，知道在哪种情况下使用哪种方法。

法则 48

时刻准备好期望计划

先向投资者展示基本计划，若是有人问及，就展示激励人心的期望计划。 在市场过热的情况下，富有而激进的投资者总是会寻找更多投资机会。 如果他们喜欢你的企业，可能会问及如果再追加 25%、50%甚至 100%的投资，会对企业产生什么影响。 你应该让他们知道更多的钱能怎样放大或加速成功。 在理想情况下，现在多筹点钱能让你提前实现后期目标，将 4 年计划有效压缩为 3 年计划。

这也将有助于你和现有投资者权衡各种融资方案、相应的股权稀释和潜在的增长加速。 不要把这种方法与一些企业家和投资者给你的糟糕建议混为一谈，他们会给你一个过于乐观的虚报低价计划来激发新投资者的兴趣，寄望于有竞争力的投资者会抬高价格来满足你的实际需求预期。 这是有风险的，因为较低的融资量不足以实现你的既定目标，你需要押注于竞争激烈的市场动态和超额认购，才能满足真正的最低资本要求。

你可以直接一点，但要聪明行事。

法则 49
更多企业死于消化不良，而非饥饿

筹集太多资金可能是一种诅咒。 拥有太多现金的早期企业会失去注意力并变得臃肿。 一个忠告：不要认为这不会发生在你身上，会的。 企业有点像金鱼：你投食太多，它们就会胀肚。 尽管资本配置的经典理论认为，投资者只有在获得更多信息的情况下，才会小心翼翼地增加企业投资，但实际上投资者往往愿意为企业提供过多资金，尤其在过热的市场环境下。 竞争性、交易稀缺性和羊群效应都会驱使投资者们追逐同样的交易。 理想的情况是，随着风险降低，投资者应分阶段注入资本。 这使得他们能够衡量自己的投资，因为企业的表现给了他们更多的信心。 并且由于你资源有限，你的企业风险将暴露在市场压力之下，从而推动企业快速做出改进。 我们最近认识的一家企业浪费了整整一年的时间，花费数千万美元去跟非经济客户（永远不会花足够的钱来支付收购成本的客户）合作，因为巨额融资让他们在盲目追求增长的过程中忽略了业务。 这种冒险行为绝非寻常。 太多的资本让你忽略市场反馈，尤其是负面反馈，并且让你无法适应现实，即使现实已经非常明显。 此外，即使不足以毁掉整个公司，任何浪费在臃肿的计划上的金钱和时间都会降低企业投资的内部资本回报率。 记住： 你的策略可能会随着现金的增加或减少而改变，但现金过多不应该成为你放弃纪律的理由。 在整个生意中，每一美元在每时每刻都应该发挥作用。

法则 50

永远不要停止融资

在努力筹集了一轮投资后，你会很自然地想要专注于业务。只有当现金耗尽时，你才会再次寻求更多"空气"。这样的做法既无效率又有风险。你务必时刻关注可能发生的事情，并让外界投资者了解业务进展情况。这将有助于更快完成下一轮融资。你应意识到投资者的选择是一个主动的过程，会随着企业的发展而演变。即使还不需要进行下一轮融资，也应该经常召开信息说明会传达定期更新的信息。如果在此期间，你已经帮助投资者解除了最大风险，或风险已有所改变，那些在第一轮抛弃你的投资者很可能会对第二轮的融资感兴趣。如果在融资过程中遇到了一些潜在的好伙伴，请务必积极地与他们保持联系。投资者都知道投资是一种关系游戏，在投资你的企业之前了解你对他们有好处。这样一来，当你开始筹款时，将会给他们一个先发优势；如果他们喜欢自己了解的内容，可能还会首先给你提供一个有吸引力的报价。当你需要额外资金时，吸引合适的投资者会变得容易得多，因为：

1. 你有时间核实他们的兴趣是否真诚，进行背景调查，并知道他们喜欢在哪些行业和阶段进行多少数额的投资；2. 投资者已经了

解你和团队，并观察到你的进展。 只有那种事先完全没有准备的
融资才会很有压力。 去寻找愿意投资于你和团队的投资者，而不
仅仅是投资于产品或服务的投资者。 建立稳固合作关系的最好方
式是不断审查和寻找合适的投资者，而不是在现金结余减少时陷入
恐慌和糟糕的关系。

法则 51

风险资本会循环流动

要想在餐厅取点开胃小菜，最好抓住服务员经过的瞬间，说不定服务员第二次就不会过来了，甚至正餐都不安排了。 我们知道风险投资是周期性的，但许多企业家和投资者似乎忽略了这一点。坚持自己的内部时间表，如果环境适合融资，就去争取吧，即使还用不着也应该去争取。 如果投资者愿意提前为融资回合定价，意味着他们看重你，所以才能在忽略内在风险的基础上按照目标或预期已经实现的情况进行定价，所以你一定要听他们把话说完。

这并不意味着你应该从错误的投资者那里用错误的条款来获取资本，而是意味着你应该确保有一个缓冲区，在资金最容易取得时获取资金。 所谓了解融资环境，就是了解目标投资者的偏好和方法，以及他们在当前周期的情绪和策略。

不要非等到计划表明是时候了才开始融资。 相反，准备好一份审核过的潜在投资人名单，看看他们偏好做哪种投资、喜欢投资哪些市场或行业以及在哪个业务阶段进行投资。 他们是否为管理团队增加了实质性价值？ 在压力下能否泰然自若？ 是否因兑现承诺和履行条款而闻名？ 他们喜欢和谁联合？ 谁是主要合伙人，他是否适合你的企业？　他们的基金在哪里？　是预留了后续资金，还是基金即将到期，准备从有限合伙人那里再次筹集资金？　他们是牛气冲天的成功基金，还是"跌跌不休"的焦虑基金？　努力做好功课，在市场条件允许时你就知道该找谁。

任何时候从最好的投资者那里以良好的条件筹集资金，都是好事情。　而且周期性产业有开始也有结束，有时还结束得非常突然。　投资者的动机不是恐惧就是贪婪，害怕错失良机会让聪明人做傻事。　人们对市场潜力的旺盛贪欲可能会推动竞争。　但害怕衰退即将到来或担忧激进条款过于贪婪可能预示着投资周期的结束。选举、战争、灾难，甚至公共市场波动等宏观环境可能会对还没开展业务的企业突然关上私人资本的大门。　所以，当服务员举着托盘经过时请多享受美味，毕竟有备才能无患。

法则 52

融资比想象中更费时间

腾出 6 个月或更长时间（视你的情况而定）作为正式的融资过程，并尽可能紧密安排时间；投资者不会有你的紧迫感，需要你经常催促他们。 筹款拖到最后一刻才对他们有利，因为时间会带来更多信息，从而降低风险。 另一方面，你也不会希望投资者过早签署投资意向书，因为这都有截止日期。 如果其他人还没准备好，你将在不清楚自己选择的情况下被迫做出是或否的决定。

每次融资过程都会发生曲折。 这一过程包括面见潜在投资者，在合伙人会议上做陈述，回应详细的尽职调查请求，然后谈判并最终达成协议。 只有到那时才算真正拿到钱。

根据融资节奏和公司需求，你可能会推迟两次以上才能结束融资，以便迟到者完成尽职调查，加入谈判。 请注意，提前结束的投资者不会喜欢拖延，因为时间就是知识，允许后来投资者了解更多情况并以同样条件投资并不符合商人准则。

从接受投资意向书到最终完成并汇出资金，其间需要就细节进行谈判并满足监管要求，时间很容易就会超过 6 周。 但意外经常会在最后关头出现，并危及整个融资过程。 为了尽可能提高效率，从一开始就在各方之间设定正确的时间预期十分重要。

首先，与目标投资者同时开始这个过程，这样你就可以让他们基本同时提出投资意向书。 在不知道是否有更好的选择的情况下，不要被迫接受第一份意向书，也不要在不知道是否有第二份意向书的情况下拒绝第一份。

其次，制造紧迫性和稀缺性。 让候选投资者知道火车已经离开车站，上车时间非常有限。 虽然需要让他们知道你很受欢迎，但不要把正在洽谈的其他投资者的名字告诉他们。 风险投资家之间都相互认识，因此分享信息、压低估值或强加条款都符合他们的利益。

再次，保持谨慎诚实。 如果你试图欺骗投资者并被发现，你不仅会失去他们，而且很可能会丧失信誉，丧失吸引真正投资者的机会。 制造紧迫感和做出虚假声明之间存在细微差别。 不要越线。

最后，现金进入银行账户才算结束。 签署投资意向书时不要放松。 如果签署了意向书上的排他条款——在特定时期内，除了条款规定的一方以外，你不会寻求其他报价或与第三方进行谈判——那么你就相当于已经把自己的命运交给了主要投资者。 对他们来说，投资意向书并不是可强制执行的投资承诺，而只是做尽职调查的承诺。 在条款到期之前，你除了谈判别无选择。 一定要了解主要投资者是否会及时签署意向书。 许多风险投资者在做出决定时会把投资意向书作为达成交易的条件，不会管你的死活。因此，不要和那样的公司合作。 虽然投资意向书不是法律承诺，但却是道德承诺。 请只与有道德的投资者合作。

法则 53

投资推介必须回答基本问题

准备投资推介和相关材料是一个绝佳机会，让你后退一步思考自己的商业计划，更重要的是思考自己的商业模式。一个优秀的投资推介过程需要有足量细节以证明你对业务的精通。你可以将此视为一个进一步明确愿景和目标的机会。投资推介应该做到容易、迷人、全面、简洁——理想情况下，15～20 张幻灯片就能充分展示项目要点。总的来说，投资推介应该涵盖 10 个关键话题，解决 10 个关键问题。当然，这些问题是针对具体项目而定的。

1. 愿景与使命： 描述你的成功愿景。如果他们和你有同样的梦想，会出现什么特别的结果？为什么你的项目很重要？这里的关键问题是：为什么你热衷于这个项目？为什么投资者应该足够关心甚至加入进来？

2. 面临问题： 说明你的企业正在解决的问题或痛点，别人曾是如何解决的。指出现有的解决方案和有待满足的条件，证明这个问题是可以解决的。你将在稍后的投资推介中说明如何与这些解决方案展开竞争。而目前要回答的问题是：为什么这是一个值得解决的重要问题？

3. 解决方案和价值主张： 为潜在客户展示解决方案，并提出相关案例以证明方案的有效性。 这时你就可以突出独特的创新方面，对现存解决方案的改进，以及对客户的最终价值。 相关问题是，为什么你的解决方案对客户有吸引力？ 这对他们有什么价值？

4. 市场机会： 详细描述理想客户状况和市场总体规模，包括所有可投放市场、主力投放市场及对每个市场的预期份额。 你需要描绘出令人信服的目标顾客形象，并证明像他们这样的人群会需要你的产品；产品需求在市场中占比较高且持续增长，而只有你才能解决这个问题。 确保接触到这些客户的渠道。 这里要回答的问题是：产品市场有多大？ 多成熟？ 是否容易进入？

5. 背景与竞争： 展示目标市场的历史变化，包括竞争对手各自的优劣之处及你的解决方案优势所在。 在核心客户价值主张方面将你的解决方案与竞争对手解决方案区分开来。 如果竞争对手难以摧毁，如何击败他们？ 如果对手也是初创企业，如何超越他们？ 时间就是一切。 列出在这条路上失败过的人，并指出形势和背景已产生的变化。 简而言之，为什么现在是你成功并击败竞争对手的合适时机？

6. 产品： 展示产品的独特价值和特征，包括受保护的知识产权及产品开发路线图。 展示如何通过后续产品和服务快速跟踪初始解决方案。 阐明你的技术能怎样保护领先优势并为下游增长创造机会。你需要回答这些问题：为什么你的产品会扰乱现有市场？从哪个方面开始扰乱，扰乱后的结果会是怎样？

7. 单位效益和商业模式： 展示预期的单位效益及每笔离散交易为营业利润所贡献的金额。分享你对定价、产品成本、供应链成本和经济价值链的预期。虽然这些数字目前并不准确，但你得掌握后才能回答与成本下降曲线、规模杠杆等关键相关的问题，从而关注预期的敏感性分析。如果必须花1美元才能赚1美元，你的生意就没太大吸引力。关键问题是：为什么这是一个有利可图、欣欣向荣的项目？

8. 团队、领导和组织： 介绍创始人、高管、董事会和顾问，说出你对团队是否存在重大缺陷的看法及如何弥补缺陷的解决方案，详细描述正在寻找什么样的人加入团队。如果当前团队中有人不希望拓展业务，坦率说出来并解释你将如何在过渡期处理这种分歧。如果觉得在未来的业务阶段自己不适合担任首席执行官，也可以讨论一下。回答以下问题：为什么当前团队是能让这项事业取得巨大成功的正确团队？组织规模将如何随时间而扩展？

9. 财务和执行计划： 提供历史和前瞻性损益状况、资产负债表和现金流分析、资本来源和使用情况、未来资本需求和融资计划。一定要提供至少3年的预测。需要注意的是，业务阶段开始越早，数据就越不可靠。计划越遥远，数据就越不可信，尤其是还处于预售阶段的时候。尽管近期计划应该脚踏实地，但相对较远的年度计划可以说明和体现愿景范围。 尽管存在不确定性，但依然需要对预期进行详细分析，并对可能产生的预期偏差保持敏感。 投资者不管怎样都会对你的计划打折扣，所以干脆拿出自己最乐观的计划。 事实上，如前所述，你应该提出两个计划，其中基本计划是一个更为保守的"瞄准线"计划，另一个则是野心勃勃的计划，用以展示潜在优势。 这两个计划应包含变现前期望筹集的资本总额，以便投资者计算预期的股权稀释和相应回报。 你应该使用市场数据来强调类似投资的潜在回报。 这两个计划是你的商业语言，为推介提供了基础黏合剂。 它们是你如何看待自己生意的见证。 这里的重点问题是： 为什么投资者因为对你的计划有信心，就要对你所说的其他公司相关事务都有信心？

10. 投资机会： 概述融资历史(投资者、投资金额、持股百分比、先前估值)、当前资本构成表和拟议交易结构。 准备好讨论股票期权池的充足性，以解决从现在到下一笔融资期间的额外雇佣费用问题。 最好采用自下而上的分析来支持预期。 这可能是一个争论的焦点，因为投资者希望在投资前公司能通过增加资金池规模来稀释所有权，从而为未来的雇佣提供资金，这样他们就不必分担这种稀释所造成的损失。 在股票期权池规模方面，要小心投资者的套路。 你应该计算一下——估算出与招聘计划相关的股票数量，以进行有效核查。 在这里你要回答的最后一个问题是： 为什么你的企业是匹"大黑马"，能为投资者提供非凡回报？

　　企业家经常让投资者费力研究他们的计划并自己得出结论，这无疑是错误的。演示是一个推广想法的机会。这其实就是讲故事，你有机会讲述除业务细节之外的所有故事。每一张幻灯片的标题都是一个结论，告诉对方你的事业会注定成功并带来巨大回报。每一个事实都是支持这些结论的证据。使用说明性语句，不要浪费一个字。标题应代表整个故事，幻灯片上的每个项目符号都对标题起到支撑作用。但是，不要在幻灯片中逐字写出演讲内容，幻灯片记录的是关键见解和事实，而细节则来自你的口头介绍。幻灯片是个馒头，而你的亲口陈述则是里面的肉馅。

　　与新投资者会面前，一定要与现有投资者或值得信赖的顾问一起排练演示，以获得直接反馈。你只有一次机会能给对方留下第一印象。最好的方案是清晰而令人信服的，只有一个合乎逻辑的结论：你会赢，投资者会赚到很多钱。

法则 54

把重点放在人身上

在向银行蜂拥而至的过程中，人们很容易忘记商业是与人相关的。投资推介应该特别针对三种人：你自己、客户和投资者。

首先是你自己。你是谁？你为什么要做这个项目？是什么让你成为这个项目成功的最佳人选？没有必要煽情——我们听过一些极端的推介演说——但是真实讲述个人故事是很有必要的。比如你所做的是"针对农场主的大数据"业务，你扎根在一个小型农业社区，高中时代曾替当地农民分发新鲜农产品，从卡吉尔大学毕业后的工作是学习"大农业"相关技能，所有这一切描绘出了一幅吸引眼球的画面，说明为什么这个项目对你个人来说很重要。例如，与当地食品银行的合作表明了你对解决人们真实问题的热情，并为项目增添了人性色彩，让它不只是一个大数据游戏。解释此项目为什么对你来说很重要，在很大程度上有助于让投资者理解为什么此项目对他们也很重要。

其次是客户。他们是谁？你为他们提供什么价值？为什么要关心他们的问题？有时候企业家会去创造一个代表目标市场特征的"化身"。但你的客户不应该仅仅是钱包的化身，他们是项目生存的依靠。 说清楚小农户和大农业存在很大差异，他们在小农场过着简朴的生活，同时在镇上做两份工来支付抵押贷款。 告诉投资者，很多主流商业玩家都忽视了这些农民，他们只关注机械化农场，而不是家庭作坊。 展示你的服务将如何帮助小农户为企业、家庭和环境做出最佳决策，让投资者去关心某个客户到底是前进还是倒退了。

最后是投资者。 投资者每年参与成千上万场推介会。 多数人怀着随机中彩票的心理去找他们筹募资金。 这只是电话推销的初级版本，不过稍微复杂一点而已。 投资者们想知道的是为什么他们适合你，为什么你特意选择他们。 是因为他们有农业技术方面的投资组合，可以给你的企业带来洞察力和人脉？ 是因为他们在发展领导者和建立成功企业方面声誉卓著？ 是因为某次会议上他们对初创企业发表的看法引起了你的共鸣？ 不要忘记附上一张幻灯片，专门谈谈他们在金钱以外的贡献。 投资者也有自尊心，有些甚至自尊心极强；不要在做推介时忽视他们。

法则 55

投资推介时仔细观察整个会场

"观察整个现场"可能是推介和尽职调查过程中最难做到的事情之一。 你会很紧张，注意力集中在避免犯错和展示复杂材料上，但仍然要留意场内状况。 推介和信息传达当然是重要的，而注意自身肢体语言和仔细倾听提问也有助于让你理解每位投资者的担忧和疑虑。 在投资者会议后，你可以根据他们的参与程度和反应来判断他们是否对投资感兴趣。

不要给听众灌输过多信息。 你当然熟知业务，但听众可能是第一次听到这些话题。 仔细观察会场能让你知道如何跟进和解决投资者在尽职调查过程中遇到的障碍。 记住，投资者希望你是有区别地对待他们，而不是把他们当作为融资而邀请来的随机听众。

投资者所提出的问题和重复话题揭示了他们基于先前经验的特殊关注、担忧和设想，他们主要通过这些经验来评估你所提出的投资机会。 哪怕是请求稍后回答，也无论如何要做到诚实而直接地回答他们的问题。 投资推介不仅是交流信息的机会，也是建立信任和展示水准的难得机会。 准确来说，他们评估的不仅仅是你的业务，还包括你这个人本身。

法则 56

使用白皮书深入跟进

特别是当投资推介涉及新领域，或公司业务与新兴科技相关时，系统的白皮书可以为投资者在尽职调查过程中提供帮助，让投资者更清晰地理解公司技术、产品和业务中的复杂之处。请注意，白皮书应提前准备好，在演示结束后立即提供给投资者或作为即时跟进材料。

尽量不要在推介过程中谈论深奥而令人分心的问题。实际推介的过程中通常会有一个或多个合作伙伴具备专门知识或兴趣，他们会问一些问题，而这些问题会让推介过程停滞不前。这时你应该保持原有推介计划，并告诉他们会在推介结束后或离线状态下解决他们的问题。向他们提供合适的白皮书，如果你没有预料到他们的问题，那就准备一份白皮书发过去。不管怎样都不要让在场的其他人对晦涩难懂的解释感到厌烦，否则你可能无法完成既定推介并阐述要点。

与投资银行流程中使用的信息备忘录不同，这些白皮书是独立文件，聚焦特定主题，比如技术或产品细节、客户和市场描述、业务模型或单位效益细节、预期结果、用以验证假设有效性的具体财务模型。 经验表明，相对于泛泛而谈，针对每个深度主题单独准备白皮书通常效果更好，因为不同投资者有不同的兴趣领域。 通过白皮书准备好一些需要深度挖掘的问题，你就可以在推介过程中专注于需交流的要点并回答基本问题。

法则 57

提前准备好融资文件

提前准备一套结账凭证(与财务和法律相关),以供最终的尽职调查和结算过程使用。 首先,确保在场景规划中准备了以电子表格形式呈现(并通过全面审查)、可供投资者使用的金融业务模型。这有助于他们更好地理解你的想法。 如果你事先准备好的模型干净有效,那么你可以在整个融资过程中使用它,从而控制敏感性分析和业务假设。

你还应该为结算过程准备好法律文件的装订本。 与其等待,不如为感兴趣的投资者准备一份意向书。 如果这不是第一轮融资,一定要提供上一轮融资的投资意向书和结算文件。 这进一步说明了前几轮谈判的具体结算条款十分重要,因为它们可能会成为未来谈判的基础。

此外,你还需要准备一个资料室,投资者和律师可以在这里查阅历史文件、财务文件、重要的法律合同和市场研究等。 过去资料室一般使用装满纸质文本的实体房间,而如今很多公司采用安全数字平台。 如果你也使用安全数字平台的话,请确保发布的密码是独立的,这样可以验证谁在查看哪些资料,查看时间有多长,在多个投资者同时访问的情况下能够区分开来。 这些跟踪信息能让你了解每个投资者所处的进程、关注的问题及应该如何增补信息来帮助他们。 通常，在投资者内部合作伙伴的会议信息被更新后，访问资料室的人数会剧增，而这些信息可以让你了解合作伙伴在关注哪些讨论过的主题及正在努力解决哪些问题。 投资者一般以不同方式权衡风险，因此通过资料室访问情况去了解他们的忧虑是成功融资的一个有力工具。

法则 58

充满激情地迈向终点

尊重和考虑投资者的担忧并不是说你可以在通往终点的过程中有所懈怠。投资者天生都是社交控(害怕错失良机),他们会接受各种推介,甚至去做尽职调查,仅仅是为了了解市场信息,而不是打算去投资。尤其是如果他们已投资了一家与你存在竞争关系的公司,那就会更上心。除了去评估其他聪明人对这个领域的想法之外,还有什么方法能更好地检验现有投资呢?

这并不意味着投资者一定会将你的公司信息传递给竞争对手,但是他们肯定会自己去领悟,并且他们的判断也可能相应地受到影响,这样你的公司信息就会无形之中被泄露给竞争对手。

不要犹豫,尽快将那些无理挑剔的投资者排除掉,因为你的时间(和团队的时间)是最宝贵的资源。你应该致力于培养一些潜在的首席投资者,而不是追求自己最喜欢却永远无法走近的领先投资者。成功融资者的一个共同特征是,他们具有不可思议的能力,知道何时让某些投资者离开,以便将时间集中到那些有信念、有资金、愿意在规定期限前完成交易的投资者身上。

及时获得融资需要坚持和自律,在现金进入银行账户前你不能松一口气。 你要像执行工程进度或产品发布那样安排好流程,并且保持十足的激情。

法则 59

一致沟通对于说服投资者
非常重要

有时，因为沟通不一致、信息交叉或消息混杂，融资会出现差错。至关重要的是，你要清楚地向潜在投资者阐明使命和成功愿景，并对近期、中期和长期目标做出全面解释。随着公司在持续的融资过程中逐渐发展，这些内容可能会随时间的推移而改变；但在单次融资过程中，前后应是一致的。如果这些内容在投资者讨论过程中变化过大，或业绩停滞甚至倒退，将会严重危及本轮融资。

在融资期间，投资者希望了解业务、风险、机会和财务状况。投资者可能会觉得，如果一个公司的故事在中途发生了变化，那么进行投资可能为时过早或变数太大。这并不是说你需要对企业发展有完全的解决方案；而是在早期创业过程中，不确定性总是大于确定性。确保在筹款期间各种投资者陈述中记录的计划是一致的，这将会提高成功概率。矛盾信息、利空消息或失望情绪会很快破坏融资过程。

记住：你需要钱，但对方不是非得投资——总有其他项目在排队等待。 在创业投资中，你不能被"三振出局"[①]——对所有非棒球迷来说，这是说投资者只要有钱，哪怕坐着空等合适的创业项目，也不会遭遇失败——但如果他们做了错误的风险投资，他们可能会立即出局。 此外，请记住，投资者会彼此沟通、交换意见。如果沟通不一致，他们会注意到的。 因此，毋庸置疑，你永远不该与其他投资者分享当前投资者候选名单，否则他们可能会成为交易的破坏者而不是竞争者。

不管做什么，都不要因数据遗漏或未能达到预期而让投资者感到失望。 筹款需要时间，如果你在融资过程中提出了达到某些成就或完成某些指标的计划，最好尽力去实现。 如果未能实现，你的信誉就会受损。 同样，你应该确保在融资完成后仍然保持适当关注。 你的计划中存在短期和长期目标，应特别确保短期目标得以实现。 买家反悔是件很难让人接受的事情。

---

① 棒球术语,此处指被赶出局。

法则 60

阶段条款能解决不可调和的估价差异

有时，在投资意向书中写明预先确定的阶段付款（或"部分付款"）是有意义的；当业绩增长达到关键目标，投资款项将被分期支付。 如果管理层和投资者对风险看法不同而产生估值差异，那么可以客观识别这些问题并将其与可衡量的成就挂钩——比如产品开始运送或取得一定销售业绩。 这可能是相对优雅的解决方案。

但这种安排可能对你没有好处，原因有两个。 第一，阶段目标达到后，投资者可能产生其他顾虑，从而不愿提供阶段资金。这种阶段条款不太可能是铁板一块，投资者通常能找到漏洞。 第二，阶段目标仅仅是猜测的最佳目标，无法预知。 如果想调整或重新安排某些目标的次序，你可能会发现这些目标不再相关，也不可能实现，从而危及未来款项。 如果投资者不同意你所做出的改变，这种风险会尤为明显。

如果有可能的话，你应该努力解决风险的核心问题：估值。如果存在一个能够平衡风险的价格，那么双方都会感到舒适。 但如果答案是否定的，而且你能够把估值过程分成几个可衡量的阶段，那么阶段融资可能也是个可行的解决方案。

法则 61

清算优先权可以改变结果

你可能会惊讶地发现，很少有企业为其利益相关者创造真正的财富，从而浪费了你和所有员工在职业生涯中的时间。 即使企业处于盈利状态时被出售，情况也可能如此。 鉴于你出售给投资者的优先股附带特殊的流动性优先权（获得第一笔资金用于偿还投资的权利），你必须了解流动性瀑布的运作方式。

从流动性角度看，不必要地抬高估值可能会损害员工利益。你和员工所拥有的普通股并无优先权。 这主要是考虑到定价和税收问题；你出售给投资者的优先股价格较高，你和团队持有的普通股和期权的价格较低，这种价差可以避免触发纳税义务。 但问题的另一方面是，在你们获益之前，投资者有权先于你们获益，甚至获益是你们的几倍。 在决定清算优先权时设定上限、倍数和优先级可以"重新分配馅饼"，这样退出事件的收益与完全稀释转化的（考虑到所有股票、权证和期权）所有权百分比分布就会差异很大。因此，在谈判融资条款时，要仔细注意清算优先权的结构。 根据条款的不同，在评估某些收购要约时，优先股和普通股股东之间可能存在更大的利益错位空间。

但首先请耐心等一下，让我们直接了解一些细节。优先股最常见的两种形式是"参与"和"非参与"。

参与优先股是指在流动性充裕的情况下，投资者将首先收到其投资金额（或倍数，我们将在后面解释），然后按比例与普通股东分享超额部分。而非参与优先股让投资者只得到投资金额作为下行保护。对于超额部分，他们必须先将优先股转换为普通股，然后与普通股股东按比例分享收益。

通常，非参与优先股是普通股东的选择，而参与优先股是优先投资者的选择。但不参与优先股发行的做法确实给普通股股东带来了麻烦。这就是所谓的"死区"，在这个价格范围内，优先投资者已经实现了变现，但如果更高的价格不足以在转换后使持股比例大于现金偏好，他们会对更高价格无动于衷。普通股股东将从该区域的高价中受益，因为他们将有权获得全部超额收益，从而有效"追赶"优先股收益。但是，由于优先股股东在股价超过死区上限之前看不到任何好处，因此他们没有动机与买方协商在这个范围内提高估值。一旦普通股价格超过死区上限，双方会再次结盟以商谈更高估值。

例如，如果优先股东投资 1000 美元购买公司 80％的股权，而你打算以 900 美元出售公司，他们就会获得全部的 900 美元，而你颗粒无收。如果卖价是 1500 美元，优先股股东将收回 1000 美元，再加上 500 美元中的一部分。这"一部分"取决于他们是否拥有参与优先股；如果他们拥有参与优先股，那么根据所有权百分比，即 20/80，你将和他们分割剩余的 500 美元。 如果他们拥有非参与优先股，你就可以"追赶"这额外的 500 美元，也就是说你和投资者的总回报应根据所有权百分比（20/80）而定，投资者将优先股转换成普通股后，你们按此比例分享全部收益。

这听起来很复杂，事实上也确实很复杂。 在上述 1500 美元的例子中，对于参与优先股，投资者收到了第一笔 1000 美元，你和他们按比例分配了剩余的 500 美元，即 20/80——100 美元给你，400 美元给他们，最后是总共 100 美元给你，1400 美元给他们。 如果他们拥有非参与优先股，投资者有权获得第一笔 1000 美元，而你有权获得全部超额部分（500 美元），除非他们转换成普通股。 但是他们肯定会转，因为 1500 美元的 80% 高于 1000 美元的 100%。 转换后，你们双方按比例分享了全部的 1500 美元，你和他们分别得到 300 美元和 1200 美元。 问题是非参与优先股的投资者对 1000 美元至 1250 美元之间的任何估值都无动于衷，他们按优先股比例参与分配的价格与转普通股后参与分配的价格是一样的。 因此，估值在 1000 美元至 1250 美元之间存在一个死区。 这种冲突会导致奇怪的结果。 如果在这些数字后面加上几个零，这种差异将更加明显。

因此，交易中提供的清算保护类型将对不同投资者对特定退出机会的反应产生重大影响。 要特别警惕多重清算优先股，如

"2×"或"3×"，在这种情况下，普通股东获得收益之前，投资者就可以收到数倍投资回报。 如果优先股股东首先获得数倍金额，那么看似成功的结果可能不会给普通股股东带来任何回报。在上面的例子中，如果优先股股东有"2×"优先权，他们将有权在你得到 5 美分之前获得 2000 美元，即便是有利可图的 1500 美元要约也对你毫无价值。

优秀的投资者能敏锐地洞察到在估值低于"死区"上限的情况下，利益会产生错位。 为奖励你和团队，并激励你同意以较低价格出售公司，优秀的投资者通常会为普通股股东准备一个大约等于总收益 8%到 10%的"奖金池"。 尽管仍低于按股权比例分摊的份额，但这个池子有助于平衡优先股和普通股股东的利益。 富有经验的外部咨询机构独立专家给出的建议非常重要。 你要了解现有投资环境中哪些属于"市场外"（非标准）情况，努力协商以防止踏入"死区"。

法则 62

不要把拒绝看作私人恩怨

多数人害怕融资是因为害怕遭到拒绝，但拒绝总是不可避免的。不妨放下身段，遭到拒绝跟你个人无关（向出版商推销书时也得记住这一点）。投资者是否投资于你的企业通常与你个人没什么关系，而与他们的投资主张、投资组合状况和你的风险阶段或行业契合度相关。

融资跟其他任何形式的配对一样——就是为了配对成功，而不只跟你相关。有时候投资者可能对你的任务或愿景不感兴趣，有时候你从心底里也想早点让这些人出局。也有可能他们正在清理现存基金，正在募集下一笔基金，那么你或会在下一轮得到更多关注。不要指望每位投资者都"明白"或关心你所关心的事情。所有企业家都经历过这种情况。错过某位特定目标投资者有时甚至是件运气很好的事情。你需要的是一个好的匹配对象。

只要坦然面对拒绝，你就能维持筹款过程中建立的关系。投资者可能今天拒绝你，下次就会感兴趣。听听他们给出的拒绝理由并做个笔记。在依次解决每个问题时，你可以让他们有所了解，激发他们对下次投资机会的兴趣。

　　关于投资者给出的拒绝理由，我想说一句：他们往往具有误导性。他们会说你的业务正处于过早或过晚的阶段，说你的技术或产品需要得到更多市场证明，说你的团队不够完备。他们还会说自己忙到不可开交，没时间做尽职调查，说客户认为有前景但没下定决心。简而言之，你会听到很多借口，但很少听到真正的理由。最常见也最真实的情况是，你该说的都说了，该做的都做了，但投资者就是缺乏信心。他们可能很感兴趣，但印象没有深刻到可以下注。如果看问题的方式不同，那么同一个借口可以很容易变成投钱的理由。所以你需要做的是：鼓动投资者的情绪，一条条地给他们列出投资的理由，而不是去问他们不投钱的理由。

　　我还要给出一个警告：如果听到投资者一个接一个地表达同样的担忧，你可能就要重新考虑一下了。你的第一个"客户"实际上是你的投资者，所以要像倾听终端用户一样投入，倾听并根据需要进行改变。如果可以的话，在见过潜在新投资者后，安排现有首席投资者与他们会面以得到坦诚的反馈。如果操作得当，这可以帮你明确投资推介的整个过程中哪些部分是有效的，哪些没起作用，这样你就可以改进不足之处。

PART 4

建立和管理有效的董事会

第三部分的规则侧重于寻找资本与合适的投资者。

第四部分中的规则将帮你确定和组建合适的董事会,并指导你如何召开有效的董事会会议。很多投资者会把获取董事会席位作为投资前提,所以董事的选择通常跟资金密不可分,需要认真考虑。无论是作为管理层还是投资方,我们都碰到过好董事会和糟糕的董事会。我们担任过首席执行官、首席财务官、首席投资者、首席董事和董事会教练。如果能完全理解方方面面,那么创建一个起作用且有效果的董事会并不是件难事。

法则 63

董事会是集体审议机构，
不是个人加总

坦言之，初创公司需要良好的企业家领导力。 你通过公司努力服务和满足不同的利益相关者，建立长期的可持续价值。 不过，许多因素会阻碍你的雄心壮志，而董事会在支持你方面扮演着独特而关键的引导角色。 一个好的董事会是无价的，有助于提升你的经验、人脉和判断力，让你在克服挑战和发挥潜力方面与众不同。 一个糟糕的董事会则会让好公司倒闭。

通过各位董事的决定，董事会有权保护和维持企业的核心价值观和使命，但他们当然也有能力有意或无意地破坏这些价值观和使命。 所以当选择如此重要的合作伙伴时，不要只根据投资者愿意出多少钱来组建那种实质上"最廉价"的董事会。 毕竟，要是动脑手术肯定不会选最便宜的外科医生；你需要获得最好的智囊团，卓越的表现远比名义成本更有价值。 学会挑剔，毕竟一分钱一分货。

如果组建了一个好的董事会，你就需要充分利用。 如果你把董事当作法官和忏悔者对待，他们就会是法官和忏悔者。 如果你把他们当作伙伴对待，他们就会是伙伴。 与公司中的其他部门职能不同，董事会应作为团队最有效地运作。 不要去单独游说或咨询董事们，那样你只会得到相互矛盾的观点和意见。

经验丰富的董事擅长团队合作。 在最好的情况下，他们听的比说的多，他们在相互尊敬的前提下进行辩论和相互挑战。 请注意，他们的工作是刺激和测试你的思维并评估你的工作，而不是用他们的判断代替你的判断。 学会带动董事会讨论并梳理出各种观点。 在董事会会议上为董事们创造空间，让他们挑战你，你们也相互挑战，这样每个人都可以为整个团队贡献创意。 不要期望达成共识。 鼓励建设性的分歧，以在达成共识前考虑到问题的方方面面。 一个运转不畅的董事会会让担任董事成为一件苦差事，甚至对公司构成潜在威胁；而一个运作流畅的董事会则是一项宝贵的资产。

法则 64

公开讨论利益冲突和利益抵触

有人说，"没有冲突就没有利益"，这意味着几乎每一个值得追求的机会都会带来利益冲突。好好识别、预测和管理这些冲突。当一方在经济或其他方面出现两个或两个以上利益竞争时，就会出现利益冲突，而这些冲突可能会破坏其动机或决策。在一般业务过程中，如果谈判各方动机和目的不同，就会出现利益冲突。

每一位在董事会任职的投资者都戴着两顶帽子：既作为股东代表背后基金或代表自己，又作为董事对公司负有受托责任。所谓信托利益是代表他人的法定义务。董事会经常需要对符合公司利益而不符合股东利益的问题或相反问题进行投票。重要的是每位董事会成员都能认识到这些冲突，并在担任董事期间一直投票支持公司的最大利益。同一位董事，在之后也可能作为股东经常以完全相反的方式投票。如果你是董事会成员，那么作为首席执行官和普通股股东代表，也会面临类似的利益冲突。

以下是一些利益冲突实例。

某公司资金即将告罄，一位内部投资者提出非常苛刻的投资意向，可能会严重稀释普通股东的股权，但要求限时做出答复。（这种情况有时被称为"挤兑"回合，因为它会压垮普通股东的所有权。）另外，一位未做过尽职调查的外部投资者提出条款相对有利的投资意向书，且不限答复的时间。在内部投资情况下，你有权参与投资，通过挤兑条款保持持股比例不变；在外部投资情况下，你无权参与投资以保持持股比例。在这种情况下，作为董事，你会投票选择对普通股东更有利的外部意向书吗？

某公司面临两种选择。前者可以让你收回所有已付资本，但不会给普通股东留下一点渣。后者以大幅打折价格筹集资金，导致现有股东的股权被大规模稀释，但给公司提供了继续运营的机会，并有望在未来两年创造更多价值。作为投资者，你会投票收回资本吗？作为董事，你会投票选择创造更多价值还是优先偿还权？

某公司收到一份条件非常优惠的收购要约，将为所有股东带来很好的利益。但是，收购方也向包括作为首席执行官的你在内的管理层提供了一份附带交易，要求管理层向收购方支付一年的额外留存款项，这笔钱将使收购方给其他股东的股价估值翻倍。如果继续谈判，所有股东的股票估值会更高，但管理层的留存款项会更少，可能导致一些员工离职。作为首席执行官，你会投票赞成这笔可能导致支出比例失调的交易吗？作为股东，你是否会继续谈判以牺牲管理层留存款项来换取所有股东更高的股价？

　　如你所见，这些可能是非常棘手的问题。你必须搞清楚你面临的是怎样的冲突，并坚定地代表公司履行受托责任。当然作为股东或管理层，你为实现个人利益最大化所做出的努力是另一回事。

　　除了利益冲突之外，投资者之间、你和董事会之间，甚至管理团队内部也会有不少利益抵触。这些抵触不可能出现在哪一方的内部，而是出现在各方之间。你需要尽早发现潜在的利益抵触以避开它们，或至少提前预测它们何时会成为问题。在任何情况下尽可能协调利益至关重要。

　　比如考虑下股票期权。股票期权一开始被创造出来的原因在于：它不仅是一种额外福利，还是协调管理层和股东利益的一种方式。将股票期权授予每位员工（包括前台接待员）的常见原因之一就是为了保持利益一致。给董事会成员授予股票期权而不支付现金的原因也是为了保持利益一致。

　　人们往往觉得，早期投资者会像企业家一样思考，根据有利因素进行投资结构安排。后来的投资者像银行家一样思考，根据不利因素来安排投资结构。不管怎样，你需要做好自己的家庭作业，知道自己在和哪种类型的投资者合作。一份明确的条款清单——一份对投资者来说公平公正、简洁明了、不含棘轮条款、不根据绩效调整定价的清单——可以说明你跟投资者很合得来。

以下是一些利益抵触实例。

某公司收到一份要约，提出将利润返还给早期股东，让他们以较低价格购买股票，而后期投资者需以较高价格购买股票。你是否接受这份要约？

某公司准备上市，投资者将获益颇丰，管理层也将得到一大笔钱。最后时刻，股票市场下跌，银行家告诉你，开盘价将低于上一轮投资者进行投资时商定的棘轮价格。这种棘轮实际上意味着银行家们将免费增发股票以增加回报，而这将稀释你作为早期投资者的股权。你预计，但不能确定，市场将很快复苏，并为之后的投资者带来意外收获。你选择阻止首次公开募股，还是现在就采取可靠途径以获取更廉价的公开市场资本？

某公司收到一份诱人的收购要约。作为创始人，协议规定在控制权变更时你拥有受领权，一年内可领取超过四年的薪酬。团队其他成员不享受此加速条款，需为收购方工作四年才能一次性领取全部薪酬。你会否投票赞成收购并获得完全受领权？如果这将导致你和团队之间产生裂痕,你是否也在所不惜? 你会不会放弃加速条款以使自身利益与团队其他人保持一致?

养成习惯,不管是利益冲突还是抵触利益,都把它们放到桌面上来。 只要公开讨论这些问题,它们就会从道德问题转变为商业问题。 这样,你就能更有建设性地去解决业务问题。

法则 65

董事会应偏重运营而非管理

治理是政府的事。那不是你该干的事——你这儿只不过是一家初创公司。你需要的是商业人士，而非官僚。你需要一群拥有强大经营背景的战略思考家，他们愿意为公司取得成功而努力工作。不要让董事会仅仅成为管理者，他们至少也得是活跃的顾问。搞清楚在哪些方面他们能够给予你和公司最大的帮助。他们需要消息灵通、随时待命、见多识广、积极参与。要是董事会会议成了汇报活动，那意味着你可能是组建了个长官会，而不是董事会。好好利用他们的时间，让他们了解你的业务和团队。要让董事参与到经营会议中，也要让团队参与到董事会会议中。邀请董事会成员在公司会议上发言或参加问答环节。要做到公正透明。对董事会保持信任，在定期举行的闭门会议上分享你最深的关切和最严峻的挑战。在每次董事会会议上进行一次或多次战略讨论以取得集体智慧。最重要的是寻求他们的帮助，不要让他们闲下来。诚然，董事会有一定的治理职责，但他们应该为你提供的不仅仅是监督。

法则 66

董事会还是小点儿好

　　臃肿的董事会往往平庸。 人数太多会导致董事会像一个委员会，而其导致的灾难性后果不可避免。

　　所以董事会最好是精干有效的，最好再加上一到数位独立董事。 董事会规模较小，更能说明每位董事资历的重要性。 经验表明，对接受过至少两轮投资的初创公司而言，董事会有五位成员比较合适。 三位董事只在公司最初期比较合适，七位以上则会增加管理方面的琐事，而且很可能会缺乏成效。 董事会人数必须为奇数，否则会出现双方势均力敌的情况。

　　对于初创公司，建议这么组建董事会：代表优先股前两名股东的两位董事、首席执行官，再加两位独立董事，其中一位最好是能够指导你的教练。 如果找不到两位能干的独立董事，可考虑从管理层中挑选一位（联合创始人可能是不错的选择）来代表普通股东。

　　毋庸置疑，如果你的目标是组建一个精干有效的团队，一般不会设置董事会观察员席位。 观察员可以出席董事会会议，但不是正式成员，不具备董事的责任和义务，没有投票权。 当投资者——尤其是联合投资者而非主要投资者——在无法获得董事会席位或希望在不肩负正式责任的情况下参与时，往往会要求观察员席位。 无论哪种情况，不管是否具备足够资历，他们都会挤在房间里，改变董事会的默契度与合议性。

有时候会出现这样的情况： 观察者席位是对某投资者的一种迁就，你不希望这位投资者成为董事会成员，而他希望有一位更合格的董事能为自己说话。 当然这种情况并不常见。 如果你必须设置观察员席位，观察员自己也应该明白，涉及敏感议题时他们可能会被要求回避。 毕竟，他们不像董事会成员那样负有受托责任，而他们与战略公司投资者之间也很容易引发冲突。

你应该明确区分观察员席位和非董事列席代表席位。 董事会观察员席位赋予投资者参加会议和接收董事会资料的合法权利。 从技术层面讲，他们是来观察而不是参与会议的，但要让他们保持安静干坐两三个小时恐怕不太容易。 与此形成对比的是，你可以邀请专家或其他资源人物来参加董事会会议，因为他们能为团队或讨论增加特殊价值。 此外，董事会观察员席位也不同于董事会成员偶尔带一位同事来安静观察和学习，以便更好地支持公司发展。

董事会的作用主要是向团队提出坦诚的反馈和建议。 如果董事会规模逐渐扩大，成员利益诉求和参与程度不一，那么发挥作用会变得愈发困难。 最后，管理团队和董事会的关系应该足够密切，要"爱之深责之切"——既要充分支持，也要互相问责。 这种情况最好由少部分忠诚的董事会成员来实现，他们能够互相信任和尊重，只为更好履行工作职责。

记住：这不是开派对，不能胡来。 这可是董事会会议。 如果没有充分的理由让某人在会上出现——如果他们不会给公司带来显著的价值——就别让他们来。

法则 67

审查主要投资者拥有董事会席位的资格

作为投资的一部分，主要投资者通常会要求获得董事会席位。考虑到他们与你和公司共同承担的盲目风险，你可能会以为他们是想要照顾自己的投资。但董事会对公司的成败举足轻重，席位有限；你需要确定自己不仅能得到好的投资者，也能得到优秀且富有成效的董事会成员。

投了钱并不意味着：1. 他们知道如何成为一名优秀董事；2. 他们能为公司增加价值以提高成功概率。你应对投资者进行尽职调查，与他们工作或曾工作过的公司交流，多问问该投资者的情况，比如判断力和专业知识如何，怎样与其他董事会成员互动，团队精神好不好，职业道德和承诺怎么样，等等。确保董事会能为你和团队带来价值，而不仅仅起到监督作用。

如果投资者坚持要求取得董事会席位并以此作为投资条款，而你觉得他们没有资格成为董事会成员，就干脆选择拒绝他们的资金。有时候你需要说服投资者把董事会席位让给一位行业领袖，因为后者能为公司带来更多直接价值。你需要最好的投资者，也需要最好的董事；所以请做出明智的选择，否则会后悔的。

法则 68

你需要一位首席董事

首席董事应该得到其他董事和管理层的尊重。 他应该能够根据经验来指导首席执行官。 首席董事应该能够在管理层不参与的董事会闭门会议期间，促进董事之间的坦诚交流，以得到董事对首席执行官的反馈。 这些活动不应成为政治阴谋，而应本着董事之间公开对话的精神进行，并符合公司和首席执行官的最大利益。如果你察觉到董事会成员之间的钩心斗角，就需要找一位新的首席董事。 在闭门会议之后，首席董事应向首席执行官简要汇报情况，但不能透露董事会谈话中的具体机密。 这种情况汇报不能替代绩效考核；确切地说，这种会面是为了确保每个人步履一致，确保首席执行官能够受益于首席董事精心总结的董事意见。

首席董事为有效发挥董事会和每位董事的作用创造条件。 他应符合正直和诚实的最高标准，并对董事会的行为、风格和讨论基调提出明确期望。 他们应确保每个人的意见都得到倾听，包括相对沉默的董事会成员；并确保每个人的关注点都成为议题。 他们需负责协调董事和首席执行官的定期绩效考核，并根据考核结果进行必要的沟通或采取必要的行动（如更换董事）。 首席董事也就是首席调解人，首席执行官可以依靠他来处理一些敏感的董事会事务。

如果有幸拥有两位或两位以上人选能够领导董事会，你可以考虑每两年左右更换一次首席董事以平衡责任。 如果没有首席董事，而且无法充分发挥董事会作用，不妨考虑任命一位董事担任首席董事，并与他合作，使董事会发挥应该发挥的作用。

法则 69

增加独立董事以获得专业知识和客观性

独立董事指与公司没有重要的业务联系、财务关系或其他关系的董事。 投资者和管理层显然不符合条件。 当投资者和/或管理层可能存在利益冲突或明显偏见时，独立董事是决策关键。 在极端情况下，除了独立董事外，整个董事会都可能无权做出一项有争议的决定，比如是否接受一份明显有利于投资者而非普通股东的内部投资条款协议。

独立董事每天都为公司提供有价值的东西，那就是独立思考。他们应该是公平合理的典范。 他们按照事实，以公平仲裁者的身份行事，以公司的最大利益为重。 理想情况下，他们能带来公司所缺乏的经验和专业知识，而这些对创业成功至关重要。 如果合作愉快，他们也会成为你和团队的教练和导师。

出于个人经验，独立董事应帮助你和团队保持警惕，为你所关注的问题提供更广阔的视野，并在问题出现之前激发你对预期问题的思考。 选择具有团队精神的独立董事，避开那些因成功或权力而专横跋扈的人。 毕竟，一位优秀的董事会成员在很大程度上需要提高带领团队的能力。 一定要确保他们有时间来帮助你的公司；正在担任首席执行官的人就可能不太适合担任独立董事，因为他们几乎没有多余精力。

如果你选择独立董事是因为他们能给公司带来急需的专业知识，那最好确保他们具备持久的领导能力和卓越的判断力，否则随着公司对专业知识需求的减少，你就需要把他们替换掉。

法则 70

真正的董事会多样性是一种
竞争优势

正如传说中的那样，多样性不但能带来社会和文化优势，还能产出更好的商业效益。

董事会成员的多样性能够拓宽你的视野，是抵制群体性思维的一种保障。它为员工树立了榜样，也有助于员工的多样性发展。

哈佛商学院教授保罗·冈帕斯进行了一项非常有趣的研究，名为"友谊的代价"。他发现，风险投资家倾向于跟种族背景相似、教育背景相似的其他风投合作。不幸的是，这种倾向在商业上没有好处。投资于同一家新公司的两家风投之间关系越密切，这家新公司成功的可能性就越小。冈帕斯发现，如果两位合作投资者曾在同一家公司工作过，即便不是同时在那工作，合作成功的可能性也会降低 17％。如果两位投资者就读的是同一所本科院校，那么合作成功率则会下降 19％。总的来说，相同种族背景的投资者比不同种族背景投资者的成功率要低 20％。"抱团取暖"对于一个董事会来说实在是行不通。作为组建董事会的企业家，你不但需要着眼于如何让董事会更加强大，还要争取做一个伟大的协调人。

选择董事会成员时，对方能否胜任工作和能否为公司增加价值无疑最为重要。 但符合这些标准的候选人将不止一位，如果你能在遴选过程中考虑到多样性问题，就可以算是精益求精了。

要建立一个多样化的董事会，可以考虑使用鲁尼规则。 丹·鲁尼是匹兹堡钢人足球队的前老板。 他要求管理层考虑聘请少数族裔来担任主教练。 为此，招聘人员总被要求提供一系列不同类型的候选人，而不仅仅是可能人选。 他没有规定名额，也没对少数族裔候选人另眼相看；他只是想面试更多不同的人。 如果觉得候选人还不够多样化，你应该指导招聘人员积极寻找更多的少数族裔候选人供你考虑。

独立董事为增加董事会多样性提供了机会，因为他们不一定来自投资圈，而传统投资圈几乎是清一色的白人男性。 因此，在选择独立董事时，优先考虑多样性。

多样性并不仅仅是指更多女性或有色人种，或者残疾人和性取向不同的人。 它也可以指具有不同社会经济背景或国际视角的人。 你的董事会可能受益于年轻董事和年长董事的组合模式，但并不只于此——让每位董事都有表达观点的权利，并确保他们行使这一权利，这样你才能从董事会多样性中获得最大益处。 有必要的时候你还可以去拜访董事，但千万不要让他们因为感到不自在而沉默不语。

法则 71

每位董事需承诺投入宝贵时间

一位真正的董事应该花大量时间参与公司事务——不仅参加董事会会议，还应该在休会期间与团队保持沟通和会面。 平均而言，好董事所花时间是影响力较低的董事的两倍，每年总计超过40 天。 此外，他们还在绩效管理、收购考虑、组织健康和风险管理方面花费更多额外时间。

董事会席位是一项庄重的承诺，也应受到庄重的对待。 它不只是一种工作关系或一项职业活动。 确保董事会成员理解你的期望并致力于达成这些期望。 你可能会倾向于让一些志同道合的首席执行官加入董事会，但勤奋的首席执行官通常没有足够的时间和精力去从事另一项事业。 就这一点而言，你自己就是最好的证明。 可以考虑一下最近退休的高管，只在一个外部董事会任职的首席执行官及成就卓著、职业性强的专业董事，他们能给予你所需要的关注。 选择那些以努力工作著称的投资者和董事会成员。 我们见过两种极端情况，诚然，有很多敬业勤奋的投资者和董事会成员在竭尽全力帮助公司。 不过，也有许多董事依靠在不同董事会任职领取薪酬以提高生活质量。 不管董事资历如何，如果他们不打算真正做事来帮你的公司取得成功，不打算帮你建立一个了不起的公司，不打算帮你解决棘手问题，那就去找其他人吧。

另一方面，一定不要让董事会成员感到筋疲力尽。 如果你和团队成员经常打电话给董事或与他们会面，他们很可能会退缩甚至辞职，尤其是那些有全职工作的董事。 在这方面你需要做好平衡，你既要尽可能提出更多要求，也要对他们的其他职责保持尊重。

董事会成员在参会前应做好充分准备。 他们应事先审阅过所有材料（确保他们在会前几天已经拿到材料，有足够的时间审阅），带着深思熟虑的问题和讨论要点来参会。 如果你和首席董事都在公司任职，可以提前就一些重大问题交换意见，这样你和董事会就可以随时讨论这些问题。 董事会会议主要用于审议、讨论和决策，不要在那些可以提前审阅的材料和指标上浪费宝贵时间。

法则 72

定期审查董事表现

　　跟管理团队成员一样，你需要定期审查董事会成员的表现和适应性，甚至定期重新评估他们的席位，确保他们参与公司事务，并能给公司带来有意义的价值。 伟大的领导者和执行者并不一定就是优秀的董事。 鉴于他们的地位，直接指出他们表现糟糕可能不太容易，要求他们辞职可能就更难了。 但你应该拥有一个出色的董事会，就像你有一个出色的管理团队一样，为了提高绩效，反馈是必要的。 将定期审查作为一项常规工作制度会是个好办法，这样你就不太会冒犯董事会成员。

　　审查不必写一份冗长的书面报告。 可以很简单地从自己和其他董事那里寻求反馈，在喝咖啡时建设性地收集结果。 对上市公司来说，机构投资者可能会强制要求正式审查董事会，但在私有公司中不要把事情搞得太复杂。 提出一些简单的标准，如出席率、准备工作、会议间隔时间、讨论质量、讨论结果附加值等，并将这些标准统一应用于整个董事会。 这样董事们就会知道你的期望是什么，也知道自己做得怎么样。

　　随着公司发展，很可能需要董事会提供不同的专业知识和经验。 如果定期有效地进行董事会评估，那么每位成员都应该能欣然接受自然过渡。 这种事情不应被认为是私人性质的。 招聘董事会成员时，很有必要说清楚董事角色可能会随着时间推移而改变；而如果没说清楚，未来一旦发生变化，就会令人非常尴尬。

法则 73

找位和董事会关系密切的
首席财务官

一些经验不足的董事会成员可能认为所谓首席财务官，无非是会计师换了个好听的名称。而事实上，首席财务官和首席运营官是企业中仅有的承担全权受托责任的两位官员。哪怕与首席运营官的陈述不一致，首席财务官也有责任提供准确的财务数据。首席财务官有责任报告人力资源投诉等违规行为，并就公司的生存能力和业务前景等问题发表意见。不要误会，只有一个领导者，那就是首席运营官，但首席财务官不仅是管理团队的一员，也是董事会的受托人。

因此，即使首席执行官不在场，董事会也应能不受限制地接触首席财务官。首席财务官也应能期许自由出入董事会办公室。这种情况有利于首席财务官在公司中发挥出更大的战略和运营作用，比如管理法律事务和人力资源等，在刚成立的公司中，这是常有的事。

缺乏经验和安全感的首席执行官可能会试图阻止首席财务官接触董事会成员。不要让这种情况发生。董事会确实应对权术保持敏感，但要坚定不移地支持这种特殊关系。董事会直接接触首席财务官有助于保持企业中某种形式的平衡。首席财务官应与审计委员会保持联络，把该委员会当作表达业务看法和直接提请董事会关注的场所。董事会应该在会议上积极征求首席财务官意见，鼓励其坦诚行事，避免与首席执行官产生任何尴尬。为了公司的长治久安，这种关系必须得到尊重，而不应该让董事会在直接接触首席财务官时受到妨碍。

法则 74

创始人应选择最好的首席执行官

创始人通常在公司扮演两种截然不同的角色。 一方面他们所提出的愿景和承诺是只有创立了这家公司的人才能提出的。 另一方面最为常见，他们会担任一个管理角色，通常是首席执行官。

你不该对这种差异感到困惑。 除非你领导过一家快速扩张的创业公司，拥有建立和管理组织、开发产品、推动销售和营销、监督财务和创造盈利业务的经验，否则只能当一名候补首席执行官。 像比尔·盖茨在微软所做的简直就像个神话——创始人一路将业务拓展为一家上市公司，但这种神话只会发生在企业发展较慢的时代。 对盖茨这样才华横溢的人来说，"及时"实现业务扩张虽然困难，但却是可能的。 放到今天，这仍然是可能的，但已经更难了，而且需要采用不同的方式。 马克·扎克伯格通过 Facebook 做到了这一点，但也多亏了经验丰富的谢丽尔·桑德伯格一直在他身边。 拉里·佩奇也是在师从于埃里克·施密特和比尔·坎贝尔之后才重新掌舵谷歌。

在一家公司成立初期，最重要的因素是创始人的远见和创新精神。 重点要放在创建产品和组建小团队方面，因为还没有生意可做。 但随着业务的发展，运营技能会变得越来越重要，到后来会成为取得成功必不可少的一部分。 公司越是成功，就越有可能无法通过工作学习到必要的运营技能。

这时创始人需要敏锐地意识到创始人和运营者是两个截然不同的角色。 作为创始人和最重要的利益相关者，你有责任为团队和其他利益相关者找到最好的领导人。 如果自己不是合适的首席执行官，就该让自己下课。 毕竟，需要想想实现愿景或保留首席执行官头衔哪个更重要。 当一位优秀的企业家远比担任一名平庸的首席执行官更有价值，你仍然可以雇用训练有素和经验丰富的管理人员。

与董事会讨论首席执行官在业务不同阶段的任务会是个很好的做法。 随着公司发展，工作规范将会有所改变。 如果你清楚自己需要做到什么，那么你应该第一个注意到自己拖了公司的后腿。不要等事情恶化到董事会不得不介入的地步。 作为创始人，你应该知道要解决领导力问题，必须招聘最好的人选，尤其是在你雇用接班人的时候。

董事会可能会试图指导创始人/首席执行官，或找一位外部专业人员来帮助创始人/首席执行官下台，但这种事情就像夫妻一起去进行心理咨询那样，通常会导致离婚。 如果企业表现出持续经营不善或领导明显缺乏经验的现象，比如人才外流、无法按计划完成工作或入不敷出，那么董事们通常只有一个有效的办法：更换创始人/首席执行官。

让一个创始人/首席执行官走人并不是件容易的事情。 对投资者来说，最大的两个风险是初次投资和更换创始人。 创始人的远见、创新、激情和奉献精神几乎不可替代，所以最好还是继续从事一些重要工作。 一个常见的解决办法是让创始人担任董事会主席，以强调他们所做出的持续贡献，并让他们保持充分动力。 如果他们能在不影响新领导的情况下扮演一个有用的执行团队角色，那就更好了——如果他们在技术方面很有远见，不如让他们担任首席技术官；如果他们擅长预测趋势和与外部伙伴合作，那就适合担任首席战略师。

我们在与一家前景光明的公司合作时有过类似经历，这家企业由一位充满激情的年轻企业家领导。 他富有创造力，不知疲倦。但他是个善变的领导人。 由于一些小问题，他在创业后几个月内解雇了联合创始人。 然后，他一个接一个地对执行团队的每位成员吹毛求疵。 他不断推动执行"一竿子打死"政策，但由于执迷不悟的微观管理，团队计划停滞不前。 最终，团队中某些人私下接触了董事会，并威胁如果事情得不到有效解决，他们就会离开。董事会聘请了一名人力资源顾问与每位团队成员面谈，并向首席执行官提交了一份对其绩效的匿名评估，即所谓的 360 度审查[①]。 他

---

① 又称 360 度评估反馈，绩效考核方法之一。

感觉很不好，认为自己被迫害了。 董事会随后做出了艰难的决定，为保留团队更换首席执行官。 他成了营销副总裁。 他不情不愿地与董事会合作，招聘了一位自己认可的接任者来担任首席执行官，可是不久他又和新领导层发生了冲突。 董事会解除了他的运营职责，只保留其董事职位。 当情况变得艰难时，他的简单粗暴几乎使整艘船沉没。 这是个可悲的结果。 他显然是一位优秀的企业家，却不是合适的领导者。

公司成立初期一般规模很小，无法制订完善的继任计划。 寻找新领导需要时间，而且也没有固定的标准来定义一位企业家是好是坏。 要找到一位经验丰富、能与创始人成功合作的运营人员是很困难的。 某些人可以在长时间的人员寻找过程中充当一下临时首席执行官，但他们是管理者，而不是领导者，在此期间，公司可能会陷入困境。 在过渡时期，董事，特别是首席董事，需要优先安排时间来审查候选人，安抚组织成员，并指导团队其他人员，让他们保持正确的前进方向。 最理想的情况是，董事会在组建时就已经包括了应对危机的救火队员。 然而，创业公司常常错误地认为，这么奢侈的事情他们负担不起。

法则 75

找位教练

　　你正处于积累经验的过程中。 这关系到员工的生活和处于风险中的巨额资金。 你不能失败，不能造假。 哪怕最终你找了其他人来接替你，也要先找一个能帮助你跨越障碍和超越极限的人。

　　这个人有各种各样的头衔：顾问、教练、导师。 他们并不完全一样。

　　顾问帮你弥补缺失的经验和关键的专业知识。 他们会在你自身优势和知识之外给你提出建议。 他们在自身领域扮演着军师的角色。 当你面临新挑战或面对陌生问题时，他们会有所帮助。 顾问会让你成为知识渊博的首席执行官。

　　教练会通过训练来提高你的技能。 他们帮你适应这份工作。他们可能会帮你安排超负荷的工作日程，完善你的交流风格，提高你在团队会议上的领导力等——帮你消除任何阻碍前进的状况。他们训练你的洞察力，让你准备好应对任何大事件。 教练让你成为技能更加出色的首席执行官。

　　导师是三者中最罕见的。 他们是你的终身老师。 他们不一定会教你任何神秘的领域知识。 他们也不是来提高你自身技能的。

他们只有一个作用，就是让你变得更好——帮助你成长为一个独立的人，一个领导者，而不仅仅是首席执行官。 他们投资于你这个人而不是你的企业。 相比职业，他们对你的性格更感兴趣。 如果觉得你的角色或工作不适合个人发展，他们会直接告诉你。 导师让你成为更好的自己。

默契程度对于任何关系来说都是重要的，而你和导师之间的默契至关重要。 他们必须了解你的潜力和性格，并承诺告诉你一切真相。 而你必须致力于倾听。

许多创始人/首席执行官都从导师那里受益匪浅。 在硅谷，比尔·坎贝尔因其指导精神而备受尊敬。 当然，他也能提出销售和市场营销方面的建议，并指导首席执行官的技能，而正是他极其罕见的潜能激发才干让他成为受人尊敬的导师。 史蒂夫·乔布斯、拉里·佩奇、埃里克·施密特、斯科特·库克、杰夫·贝佐斯，甚至我们中的每个人都喜欢比尔·坎贝尔的热情、友谊和奉献精神。

所以，认真努力地去寻找能让你变得更聪明的顾问。 毫不犹豫地去寻找能提高你能力的教练。 如果足够幸运，你还能遇到一位能让你变得更好的导师。

然而，并不是所有东西都可以教授或学习。 每当看到人们身上的缺陷，比尔·坎贝尔会说一句名言："你无法训练出身高。"这句话的意思是： 最终，你要么可以，要么不行。 当面对自己的极限时，不妨做对公司最有利的事情，找一位合格的接替者。

法则 76

确保会议高效是首席执行官的职责

你已经邀请了一群忙碌而有影响力的人加入董事会。 他们并没有很多时间和精力。 许多人有全职工作和一堆要解决的问题，没有空闲。 你需要在管理董事会的时间和活动时意识到这一点。

很多董事会会议只是管理层为了娱乐董事会而举行的盛大演出。 真正的董事会会议应涵盖绩效、财务、治理问题和关键指标等细枝末节。

对你而言，董事会会议是难得的好机会，可以让智囊团参与那些让你睡不着觉的问题和决策。 应该让他们了解自上次会议以来的重要信息和变化，并提供相应的背景信息。 背景信息对于回顾和辩论重要议题来说意义重大。 安排充足的时间让董事会提问并讨论实质性问题。 不要在开会时做演讲，否则董事们会因无聊而分心。 记住：董事都有运营和投资背景，他们喜欢谈论棘手的问题。

在董事会会议上，你可以退后一步，像老板一样思考，而不再是迷失在日常工作中的经理；看看整片森林，不要在一棵树上吊死。 董事会会议的筹备工作也让你有机会从更广阔的角度思考业务。 因此，董事会会议对于你和董事会来说是一个很好的时刻，让双方在战略和战术上达成一致。

即使是一个理想的 5 人董事会，没有观察员，每月开会几个小时，每季度召开一次为期 3 个小时的会议，时间还是很紧张的。为了便于讨论，我们重点研究一下每季度一次的 3 小时会议。 假设总共 180 分钟中有 30 分钟用来热身讨论、休息和总结，剩余时间的 3/4 交给管理人员来做演示和报告，那么可以用来提问、讨论、辩论和决策的时间只剩 35 分钟左右了。 如果每个重要问题平均讨论时间为 10 分钟，那么只够讨论 3 个半问题——而每位董事提问或发表评论的机会就更少了。 这几乎不值得他们去花费时间和精力。 因此，如何有效管理董事会会议对于充分利用董事会资源至关重要。

想想如何扭转会议局面。 在会前材料中说明公司状态、指标、财务和其他报告数据。 注释和总结做得好一些，董事会就可以没有障碍地顺利消化。 突出关键看法，董事会可以沉浸其中。节省宝贵的董事会会议时间来处理重大和棘手的问题，因为董事会可以在解决这些问题方面发挥重要作用。 无论是会前材料还是会议本身，都不要用大量数据和附加材料让董事会不堪重负。 你的工作是提炼他们需要的信息，以便从他们那里获得最大价值。 请把注意力集中在那些让你和团队夜不能寐的事情上，并设置优先级。

把这些讨论分成两大类： 描述性(发生了什么、计划执行情况如何)和规定性(需要做哪些关键决定来确保成功)。 仔细安排时间表，严格管理日程安排，在不影响重要话题的情况下，留出一些时间聊建设性话题。 没有经过精心安排的会议往往会花大量时间在描述性讨论方面，而规定性讨论则很少。

开董事会会议时，可以先从会前材料入手，回顾关键要点和见解，以确保董事能有所回应。 但是无论如何不要对着董事会背诵幻灯片。 也不要让团队成员这么做。 没有什么比大声朗读更能让董事们快速入睡了。 他们的眼睛可能是睁开的，但他们的大脑是关闭的。

法则 77

不要对董事会"过度营销"

你为了筹集资金和组建董事会努力营销。 你每天都在营销：招募员工、与合作伙伴结成联盟、对媒体讲故事，想让全世界相信你在做一件大事。 但在开董事会会议时，就请不要这样做了。

董事会本身就擅长销售。 他们可能就是靠这个来谋生的。 但作为你的智囊团和心腹，他们并不想被你卖掉。 他们希望能坦诚一点。 他们希望和你一起面对现实，一起克服困难。 要真正起作用，他们就需要知道真相。 不要向董事会采取营销手段。

你应该积极参与董事会，让他们了解一切情况。 让他们成为有用的人。 如果你在董事会会议上推销自己的决定，那就浪费了董事会为公司提出最佳策略的机会。 更为严重的是，你会遭到质疑并最终可能侵蚀个人信誉。 没有人比以销售为生的人更清楚他们何时被推销。 如果持续过度销售，你很可能会因受到怀疑而失去关键的一票。

一些缺乏经验的首席执行官或创始人可能会开始鄙视甚至蔑视董事会。 他们或许会说"他们不了解业务""董事会会议是浪费时间""我不会讨论任何坏消息，因为董事会总是反应过度"之类的话。 如果你也说过这些，那只能怪自己。 毕竟，确保董事会高效是你的责任。 如果他们没有达到期望，也不要对他们置之不理。 把这个情况放到董事会上去讨论，让他们为你提出更好地管理董事会的意见。

如果管理层不断推销自己的决定，而不接受质疑和讨论，董事会就失去了对真实问题进行权衡取舍的看法，这不仅会导致信任受损，还会导致决策不佳。 一旦证明你的看法是正确的，你或许还会窃喜，看起来好像是因为董事会不理解才导致你的决定是正确的。 而事实上，鉴于你的持续过度营销，他们怎会愿意应对你的挑战呢？

这并不是说，你不应该强调和庆祝好消息。 董事会会议应该保持各方面平衡。 在董事会会议开始前，最好先说说亮点，然后说说不足。 最好再加一张幻灯片来说明特别值得关注的重点问题。 这样，董事会就会在关键问题上保持一致，并在下一次开会时关注这些问题的进展情况。

这并不意味着你应该提前表现出对于尚未成熟问题的焦虑，不要老是用杞人忧天来替代过度营销。 这中间要有一个舒适的过渡地带。

确保董事会了解情况，以得到他们的帮助、意见和反馈。 什么都不知道的董事会是没用的。 聪明的董事会不会对坏消息反应过度，而会随着形势变化接受新的想法和策略。

法则 78

这样安排董事会议程

召开董事会会议没有通用议程。 每位首席执行官和董事都应按自身需求决定。 但有一些实践经验可供参考。 以下是一场为期 3 小时的董事会会议议程。

1. 引言和概述： 亮点、不足和今日议程。（15 分钟）

设定会议议程和目标。 这也是回顾上次会议讨论重点的好时机。

2. 绩效状态更新： 上次会议以来已经完成的任务。（25 分钟）

向董事会汇报关键指标、自上次会议以来及迄今为止的财务情况、工作进度、产品状态等方面的重要信息。 将当前业绩与计划和早期预测进行比较，并给出解释。 跟进上次会议派下的任务。

3. 业务前瞻（25 分钟）

持续关注最新预测与年度运营计划的一致性，重点关注调整情况及原因。 陈述影响计划的新数据和新情况。 讨论业务的未来发展状况，包括产品路线图、招聘计划、融资战略、竞争、销售预测等，提出新计划和为按时完成任务所需采取的整改措施。

4. 休息: 查看邮件、回电话、上厕所。（15 分钟）

认真地执行这一点。 如果董事知道有休息时间，他们就不太可能在开会进行时拿起电话或离开房间。 要是可行的话休息两次。 这样，其余时间董事们会留在会议室并保持专注。 当然，休息后他们必须按时返回，这样就不会影响会议进度。

5. 深入讨论（60 分钟）

（1）讨论当前面临的最紧迫挑战（2～3 个为宜）。（30～45 分钟）

（2）讨论成功的新机会。（15～30 分钟）

6. 结论（15 分钟）

（1）在所有关键决策和你提议的方向上取得共识。

（2）分配董事会下达的任务和要求，并明确在下次董事会会议召开前应采取的行动。

7. 闭门会议（15 分钟）

让团队成员离开会议室。 一般情况下，首席财务官和涉及法律事务的律师应该留下。 但如果接下来的内容对他们来说属于敏感内容，也可以要求他们离开。 闭门会议一般涵盖所有公司业务，比如员工股票期权、董事会决议和其他治理项目等均需董事会批准。

8. 非公开会议（10 分钟）

你需要离开会议室。 外部董事会成员将相互讨论悬而未决的问题。 反馈由首席董事直接传达给你。

法则 79

为董事会会议做好充分准备

你应该在会前至少两个工作日发送会议材料，让董事有时间阅读、消化和思考。 虽然确保会议时间的合理使用是你的责任，但每位董事也有责任提前审阅材料。 通常情况下，董事——尤其是拥有大量投资组合和在众多董事会任职的投资者——经常在开会时才第一次看材料。 董事应提前准备好关注议题或增加议题，发送给首席董事或你，以供会上审议。

可以考虑在董事会会议上向每位董事提供一份打印材料，这样他们就不必自己带着，也不必查阅电子版本。 书面版本能让每个人的阅读步调保持一致，并确保与会者把注意力集中在会议上，而不是在频繁地收发邮件。

建议董事们带着上次会议所使用的材料，以便他们根据需要进行比较。 把不同时期的材料放在一起进行比较可以确保事务连贯，承诺不减，关键项目不被遗漏。 更好的做法是在演示材料中按时间顺序以可比较形式报告所有绩效信息，包括关键绩效指标、目标、关键结果和财务报告等，并对趋势和任何偏差内容添加评论。

这听起来可能只是个小问题，但分清主次，区分以下指标很重要。 年度运营计划每年编制一次，在每财年开始时需经董事会批准。 这是公司的正式记录计划。 然后以预测方式定期更新计划，通常是每季度一次，这反映了公司迄今为止的表现及根据新情况对计划的更改。 进行更改后，跟踪最初计划仍然很重要。 否则制定精确计划的能力就不会随经验增加而提高。 只有通过对变化的追根究底，才能真正掌握如何去做计划。

法则 80
在董事会会议上使用日常管理材料

对于一家亏损和烧钱的企业来说，时间简直就是金钱。 因此，你应该使用现成的管理记分卡、演示文稿、关键绩效指标、目标和重要结果等，尽可能少花时间来准备好优质的董事会材料。你和团队每天审阅的材料和每周高管会上的报告都应包含董事会会议的主要内容。 如果不包括的话，那说明你做错了。

董事会需要知道你和团队表现如何及面临的难点。 这些情况大部分应该包含在团队开展正常业务时所使用的材料中。 为董事会过滤重复材料并增加相应解释、阐述和背景介绍，因为董事会不是每天都在考虑你的业务。

此外，可以要求团队成员提交一些幻灯片，以突出每位成员的表现和面临的挑战。 让每个人使用同一个模板，这样可以轻松将这些报告组合为一个连贯的董事会会议文件包。 更好的做法是让首席财务官或律师负责协调演示文稿。 你需要对演示文稿内容负责，因此请务必仔细查看并在发送之前盖章。

一个常见错误是在董事会会议上准备过多材料，提供过多信息。 记住：董事们和你一样都很忙。 他们也希望沟通清晰简洁，切中要害。 别用不太重要的数据分散董事的注意力。 你可以考虑在附录中添加其他材料以供进一步参考，但即使这样也可能是太多了。

如果能在专注于最重要的信息的同时，减少会前准备材料和演示材料的繁重工作，那么你就可以集中精力处理一些重大问题。董事会会议的讨论时间对你来说应该属于稀缺资源——通常每年不到 20 个小时——所以把重点放在会议本身，而不要把精力放在制作漂亮的幻灯片上。

法则 81

董事会共识太多是问题的先兆

如果不管问题有多难，也不管你个人对答案有多不确定，董事会成员总能达成共识，那可能就出问题了。 这种情况发出了以下三个信号： 1.群体思维太多；2.董事会对你的挑战不够；3.董事会沟通效果不好。 更糟糕的是，他们或许只是走个过场。

董事会成员和首席执行官通常会对意见分歧感到不舒服。 这可能是律师们造成的： 他们喜欢意见一致的董事会会议记录，有利于打官司。 毕竟所有董事都同意的商业判断必然是合理的。 但通常情况恰恰相反。

意见有分歧说明有聪明人在独立倾听和思考。 这才是你想要的董事会。 讨论和辩论越真实，各方的相互理解和信任也就越深刻。 过多的共识则可能表明董事会正在放弃权力或已被剥夺权力。

可悲的是，我们经常看到董事会反复做出一致决定后不久，首席执行官就被解雇了。 每位董事都点头同意而且发表了不错的见解，那么到底问题出在哪里？ 事实是董事会成员没有如实表达担忧，首席执行官也没有充分理解。 他们相处得挺好，却缺乏相互挑战。 这对所有相关人士来说都是个麻烦。

鼓励董事直言不讳地提出尖锐问题是很重要的。 不要强迫他们妥协。 一个健康的董事会将受益于倾听不同的声音，因为如果你想解决问题，必须先等所有的问题和分歧浮出水面。 倾听、思考，然后做出决定就是你的工作。

公开辩论和健康地处理分歧后，哪怕有些董事更倾向于其他的意见，整个董事会也只能支持一个决定，这也应该是每个人都充分参与审议过程的结果，而不是盖个橡皮图章的批准结果。 讨论和辩论不同于投票。 讨论时应邀请每个人表达自身观点。 而投票不是靠个人意愿决定的行动方案，而是经过充分辩论和审议后诚实地支持决定。 无须多言，不管谁投了什么票，也不管个人意见如何，一旦投票通过，每个人都必须支持最终决定。

法则 82

利用工作会议和委员会
强化优先事项

董事会休会期间，应鼓励或要求董事参加与公司团队的特定工作会议，让董事更深入地了解企业细节。 让董事会成员参与管理的过程可以让他们发挥自身价值，这意味着公司是通过团队而非个人来进行集体决策的。 工作会议也有助于董事们理解一些日常问题的复杂性，让他们更理解你所面临的困难。 这对团队来说也是个机会。 团队成员能够向董事会展示能力，更好地了解董事，得到董事会更准确的评估。

建立董事会小组委员会也很有必要，董事可以解决部分最紧迫的问题。 比如具有财务专业知识的董事会成员可以在审计委员会任职，而具有招聘经验的董事可在薪酬委员会任职。 当首席执行官出于利益冲突考虑而需要将某些董事会成员排除在讨论之外时，这一点尤为重要——例如，某位董事会成员可能也是潜在收购者、供应商或竞争对手。

成立委员会需要正式一点，而不要仅靠一次工作会议，这样组织的其他成员也就会理解委员会的重要性。 比如，一个需要持续筹集资金以实现长期战略的公司可能会成立一个特殊的战略财务委员会，而像在线贷款公司这样受到严格监管的公司则可能需要成立一个合规委员会。

法则 83

董事会应花时间和团队待在一起

　　向董事会介绍表现最佳的团队成员。 这既是对团队的鼓励，也是行动的号召，而且可以强化绩效责任。 如果需要为某项工作设定最后期限，那么让负责人在下次董事会会议上提出问题会是很好的激励方法。 谁都希望给董事会留下好印象。 你应该指导团队成员如何有效展示和交流，帮助他们最大限度地利用每个露脸机会。

　　在类似这样的会议上，团队成员还能直接听取董事会意见，更好地理解董事会的优先关注事项。 反过来，董事会也能更深入地评价公司人才，了解员工的能力、抱负和挑战。 要给某位员工升职或加薪时，这些就会有所帮助。 如果董事会了解这位员工并欣赏他的工作，那么你的工作就会变得简单。

　　与团队一起工作是促进这种接触的一种方式。 另一种方式是在董事会会议后或在定期活动（比如季度全体会议）上安排问答环节。 这种方式既可以由整个公司全体参与，也可以由特定部门参与。 对于董事会成员来说，这是一种有益的方式，可以亲自为企业文化和提升士气做出贡献，可以评估员工并与他们直接沟通。

这也为更直接的沟通奠定了基础,一旦出现敏感问题,员工可以绕过管理层直接去找董事表达自身担忧,比如性骚扰或不正当的商业行为等。 当他们向董事会成员提出对公司至关重要而管理层未能解决的问题时,也会感到舒心畅快。

当然,实现这一切都需要董事会成员具备敏锐的洞察力和高超的水平。 不破坏组织、不玩弄权术和不暴露机密是他们必须做到的。

员工提出与领导层相关的问题时,董事会必须迅速主动地做出反应。 如果做不到,它将失去整个组织的信任和信心。

Straight

PART 5
变　现

Talk

▼

For Startups

第四部分介绍了如何创建一个有用的董事会及如何管理。

第五部分我们将讨论变现问题，它经常被误解为众所周知的"退出"。总有一天，你和投资者会考虑解锁一部分创造的价值。这被称为变现。变现并不总是等同于退出，而是所有者出售所持有公司全部股份的行为，而所有的退出都涉及变现问题。公开发行股票通常被视为变现高峰期，但合并与收购则是更常见的变现行为。除了通过首次公开募股、合并或收购的方式可以变现，通过二级市场、私募股权投资者，甚至风险投资者，也可以变现。本节中的法则将帮助你准备好应对变现事件。

法则 84

建立持久的公司，一路变现

　　建立持久的公司和变现并不矛盾。有时候，投资者经常要求管理团队不要卖出或变现任何股份，而是努力工作以创建可持续业务。这似乎是一种正确的说法。

　　企业家当然有能力持续塑造财富、影响力和创新。然而对于他们具体在塑造些什么，人们往往心存疑虑。发明者创造新技术，但技术如果没有得到应用，那就不是一种产品。一家公司如果没有在市场上推出产品，那就还不是一家公司。而一家公司只有在盈利的情况下，只有在能够依靠顾客而不是投资者维生的情况下，才可以算开展了业务。

　　首要的指导方针应该是建立一个有价值的独立企业。诚然，有些企业可能在开展第一笔业务、拥有第一位顾客前就已经产出了惊人的成果——比如 WhatsApp 在不提供任何技术支持的情况下以将近 200 亿美元的价格卖给 Facebook；再比如 LuxVue，一家名声不显却颇具突破性的 LED 显示屏制造商，早在发布第一款商业屏幕之前就已被苹果收购——这些都是极少数的例外情况。但是，建立一个盈利大于开支、增长比竞争对手更快的公司是创造价值

(和变现)的可靠途径。 这是你唯一能控制的事情。

不过，当机会敲门时，要有所回应。 如果你正在做一件大事，其他人当然也会看到，有些人可能更喜欢收购而不是开展竞争。 你可以选择不接受收购，但至少要把这扇门打开。

如果机构投资者已经向你提供了充足资金，你可以在建立业务的过程中寻找特定时间点来变现。 这是风险投资家将资金回馈给有限投资者的方式，这些投资者包括养老基金、主权财富基金、捐赠基金、基金会及向风险基金提供资金的个人。 接受风险投资家的资金意味着明确同意"赎回条款"，或含蓄同意在某个时候让股票增值变现，让它们慷慨地回报它们的投资者。 如果你不想变现，那就不要接受机构资本进驻，否则未来会出现不可调解的冲突。 即使公司没有引入机构投资者，员工有时也会想卖出股份。

变现当然是一些投资者出售股权寻找其他投资机会的出路，但它也为你的公司提供了融资机会。 你可能需要一种方法来奖励员工和投资者，这种方法应与公司为保持持续增长所设定的融资策略保持一致。 变现不一定是最终目的，但它可能是通向成功方向的健康一步。

法则 85

变现不仅限于首次公开募股和收购

变现通常与首次公开募股或公司出售相关联。然而，实际上还有更多选择，尤其是私有企业可以积累资金储备，长期保持私有和独立。为避免冲突和摩擦，了解不同利益相关者对于变现的时间预期非常重要。好消息是，你可以使用多种工具，使利益相关者能够从一次或多次变现过程中获益，同时继续发展企业。

以下是一些变现方法。

1. 公司用自有资金从股东手中回购股票。 这建立在公司资金充裕的情况下。尽管这是一种简单的方法，但如果公司除了从投资者和员工那里回购股票，没有其他更好的资金用途，或许会引起利益相关者的担忧。如果选择回购股票，需要管控好回购对市场可能产生的负面信号，要确保公司有足够资金来应对持续增长和不可预见的风险。如果使用银行账户回购股票，结果却在业务进展过程中碰到麻烦，不得不争夺更多的资本，那么这种情况哪怕不是灾难性的，也会是非常棘手的。在私有企业中，确定回购价格并不容易。如果只是提议从一些利益相关者而不是所有人手中回购，那可能会遇到异议甚至诉讼。有好的方案再加上银行家的帮助，回购通常是可以做到的，但操作起来并不简单。

2. 内部投资者从外部股东手里购买股票。 这就是所谓的二级销售。 初级销售是指公司出售股份获取收益。 私人股东之间的二次销售则指公司股东出售股份获取收益，而公司并不发行任何新股。 这将导致一些内部人士增持股票，并给了他人变现机会。（注：还有一种叫作二次发行的方式，即由已经进行过首次公开募股的公司发行新股并直接获得二次收益，在此不再赘述。）

这种方法的优点是无须管理特定的融资轮或融资活动，没有令人乏味的推销，也不产生法律费用或新的投资条款。 这只是私人之间的交易。 股权购买协议很可能会规定公司可以优先拒绝在任何私下股权交易过程中出售股票，而你（以及任何可能拥有类似权利的股东）将不得不放弃这项权利。

同样，设定私人交易价格可能很棘手。 但每当有人要出售，其他人就会有购买机会，这是公平交易。 请注意，你需要考虑购买者股权增加的利弊及由此对公司业务产生的影响。 你还需要确保定价与任何员工期权定价（下文将进一步讨论）或预期的未来融资活动不会产生冲突。

3. 股东以公司整体融资方式单独出售股票。 这种方法是初级销售和二级销售的结合。 在这种方法中，公司负责制造股权需求，给予部分或全部现有股东出售部分股份给新投资者的机会，并将此归类为初级销售。 这种方法的优点是，企业从初级出售中获得收益，而股东通过向新投资者出售其原有股份获得现金，也就是说允许新投资者按照与公司协定的价格从公司和原股东手中收购股份。 如果新投资者要求拥有更多股权，而公司不愿出售普通股，那么这会是一个优雅的解决方案。 如果普通股与优先股同时出售，可能会出现复杂的情况，因为两类股需要区分开来进行估值，但也存在这么操作的可接受机制。

如果股东将股票出售给公司或他人，就有一些陷阱需要留心。价格是其中一个陷阱。 普通股和期权的定价应低于优先股。 由于优先股往往附加相关权利，所以更有价值。 董事会授予员工期权时，董事会必须确定行权价格，这是员工在行权获得股票时为期权支付的价格。 这个价格通常是公平的市场价；否则，在美国，该雇员会被认为已经得到等同于超额工资的补偿，该超额工资在获得补偿后应立即纳税。 这种情况非常糟糕，因为期权不能变现，员工必须自掏腰包缴纳税款。

在美国存在由第三方专家对私有公司普通股进行估值的机制，也就是所谓的 409 A 估值[①]。 在业务没有发生重大变化的情况下，董事会可根据此估值确定一年期的行权价格。 以不同于公司最近定价的价格出售普通股，甚至优先股，可能会破坏良好的管理流程，导致员工需要缴税，也会提高员工未来的行权价格。 未来

[①] 对创业公司普通股的公平市价评估，因源于美国国内税务局 409A 条款而得名。

行权价格的提高会降低招聘吸引力。

此外，二级销售会改变资本构成表。 这可能会引入你不需要的新股东，比如竞争对手。 在美国，如果这种情况频繁发生，你可能需要在美国证监会注册并提前接受监管。 原始股票购买协议中应明文规定由你来控制所有二级销售，这样你就有权规避这些问题，而不是让股东们做出决定。 为保护公司利益，你需要密切参与每次二级销售。

4. 选择上市，或更确切地说，首次公开募股。 美国的首次公开募股过程通常持续3～6个月，通常是在投资银行家协助下根据美国证监会规定在交易所注册。 首次公开募股不仅可以通过出售股票变现，还可以为公司发展筹集资金。 不过，上市费用并不便宜。 对高级管理层来说，这需要数月分心：首先是路演时管理层需要反复向公众投资者兜售业务优点；其次，严格的监管和合规报告会改变公司原有的业务方式，再加上高昂的法律和会计成本、不菲的投行费用（如果聘请银行家的话），这一切都让人筋疲力尽。 在美国，如果成长型小企业符合《就业法案》的最新规定，这个过程会相对简化些，但这样却加大了投资者风险。

5. 将业务直接出售给第三方，对方以股票、现金或混合方式购买。 如果符合标准，私募股权公司也可能成为收购者。 私募通常是一个被低估的行业，拥有大量正现金流。 出售意味着以干净利落的方式变现和退出，但这一过程存在很多整合、失控和战略方向的问题。

一些聪明的公司利用收购方资产通过出售来推动业务，另一些公司则已销声匿迹。 比如，唐娜·杜宾斯基和杰夫·霍金斯曾因筹集不到足够资金而无法开展掌上电脑业务。 后来，现金充裕但前景不佳的美国机器人公司向他们提出要约收购，承诺母公司将完全信任他们，并提供资金支持。 结果，唐娜和杰夫不仅成功推出了一款新产品，还掀起了便携式助手新浪潮。 后来，他们从母公司剥离出来，成立了第一家真正的智能手机公司 Handspring。 当然，他们都是杰出的企业家，你最好不要轻易这样尝试。

法则 86

想上市，就要小心滑倒

早期风险投资家都是实打实的经营管理者，而非善于包装的金融工程师。在向公众发售股票前，他们会确保公司还有成长空间，因为企业的持续成功对他们来说是必需的。让汤姆·帕金斯感到自豪的是，在凯鹏华盈持有上市股份的有限合伙人所获回报远远高于那些首次发行上市时就出售股份的合伙人。

实际公开发行可能规模相对较小，价格似乎较低，但由于规划明确，后续的二次发行会随着公司价值增长而来。于是，你的公司将有时间为股票成功发展一个有吸引力的公开市场，让市场了解你的业务，并重视你的长期业绩和增长潜力。这种方法成功地为企业及其创始人、员工和投资者创造了持久的财富来源。

如今，企业通常保持较长时间的私有化状态，部分原因是希望将首次公开发行的收益和价格最大化，但往往也会因此错过最优定价窗口，或因未能达到预期而步履维艰。重要的是要记住，你的最大价值应该是个函数，既与收入和利润有关，也和增长率密不可分。因此，即便收入和利润有所增加，等待太久仍然会导致估值降低。例如，如果你的公司年利润 100 美元，预期年增长率

100％，估值可能高达 10000 美元。 但如果公司年利润为 200 美元，预期年增长率为 20％，估值可能只有 4000 美元。 许多知名独角兽企业(估值 10 亿美元以上的私有企业)在即将变现时出现价值缩水，就说明了这个问题。

法则 87

投资者和管理层在变现问题上
经常发生利益冲突

投资者可能会反对以低于特定的价格出售一家企业——即使这将为所有人提供可观的结果。 他们期望获得更大倍数的投资回报，并愿意加注以获得更多回报。 对风投来说这是一件简单的事情，因为他们需要考虑最大化投资组合回报，而不仅仅考虑你的公司。

为了更好地理解这一点，让我们做一些有关快速风险投资的计算。 为了便于说明，我们假设风投每投资 10 家初创公司，平均有 5 家破产，3 家回本，而 2 家会带来大部分回报。 如果风投基金的最低回报要求是每年 20％，那么这意味着 10 年期的风投基金需要在扣除必要费用后得到 6 倍（6×）的投资回报。 这也就是说，2 项带来回报的投资都必须取得 30 倍的回报，才能为整个风投基金提供 20％的复合回报。

因此，把公司出售给一家战略收购方获得 5 倍回报对公司和员工来说可能是一个好结果，但风险投资者很可能会非常不满意。

这更说明预先了解所有投资者的变现预期、时间框架和财务状况很有必要。 所有利益相关者都应该意识到，如果变现估值超越风险调整后的估值，有效反映了未来价值而没有执行风险时，可能是出售的好时机。 入行已久的聪明投资者都知道，尽管自己可能渴望 10 倍甚至更多回报，但由于市场和风险不可预测，及时变现不失为好办法，毕竟蚊子再小也是肉。

法则 88

个人也要资产变现

资产变现对你和董事会来说都是重要的战略性事件，其中第一步是了解所有利益相关者的需求和期望。 尽管像首次公开发行或并购这样的事件可能会为投资者和雇员们的整个股权结构提供变现机会，但不管融资策略如何，每个人总有自己的变现需求。 一位在公司待了一段时间的年轻创始人可能正打算购买其第一套房子，或准备生一个孩子。 如果她或他的创始人薪酬不够用，急需一些现金，那么变现部分股权是一条路。

变现收益对企业来说可能很重要，因为它减轻了个人压力，让每个人专注于业务，避免了潜在的人才流失问题。 投资者通常认为，应该避免任何早期变现以保持各方利益一致，不给员工和未来投资者留下任何负面印象。 当你企图告诉一名新员工他的期权价值不可估量时，又如何能解释创始人刚刚卖出了 100 万美元的股票这件事？ 此外，少数人的早期变现可能会带动其他人争相变现。如今数百万美元身家的创始人并不像过去只吃即食拉面那样，急于进行首次公开发行上市或收购。

重点应该放在早期变现原因和剩余激励措施规模方面，包括出售百分比、保留百分比（即是否还有变现动机）、流动性机制和价格。 必须给员工和投资者一个令人信服的说法，告诉他们为什么少数人的早期变现不会改变他们对公司的热情。 如果变现需求很大，而且变现动因依然强大，你就很可能需要去担心一下了，这些早期变现者或许发现了其他人不了解的业务缺陷。

变现交易可以通过二级市场，流程十分简单。 或者，如果少数员工将部分股份出售给超额认购的融资轮，让所有权要求较高的新投资者购买比公司愿意出售的更多股份比例，那么这对各方都有利。 解决早期变现问题可能需要说"不"，但首先应该提出正确的问题并学会倾听。

法则 89

估值会有局部上限

尽管多数企业家和投资者不愿意承认，但企业总是要卖出的，只是以什么价格和条款卖出的问题。 你或许听过一些英雄事迹，说有些企业家拒绝大额投资独自单干，最终成功超越了最疯狂的梦想，比如马克·扎克伯格拒绝了雅虎 10 亿美元的报价，将 Facebook 打造为一个庞然大物。 这里所缺失的，是很多企业家和投资者拒绝诱人报价后破产的故事，这种情况非常普遍。 考虑出售时真正要提出的问题是： 鉴于未来风险，价格和条款是否有说服力？ 相对那些报价虚低的收购者们来说，选择单干的英雄们可能只是以另一种方式更准确地评估了取得成功的可能性。

然而，对多数公司来说，其估值潜力是一条 S 形曲线。 随着增长放缓，估值增速也将放缓。 尽管许多人可能认为，收入和利润规模是公司价值的最重要驱动力，但对企业而言，增长率可能更为重要。 这意味着，随着 S 形曲线上的增长率逐步放缓，期待更多收入和利润可能只会适得其反。

资本密集型商业模式尤其如此。 一旦证明技术有效，使用资本回报去建立全球销售、供应链和平衡资产负债表等往往不是企业资金的最佳用途。 举个例子，比如一家生物技术公司的团队发明了一种突破性药物，但要建立大规模制造、分销和销售业务必然面临巨额资金和潜藏风险的压力。 这时候不妨调整企业的资金来源和资产负债表的组成部分，并采用成本较低的资本结构①。 比如后期私募股权投资者一般都要求低风险和低回报，或者干脆把企业卖给资本成本较低的收购方。

因此，企业家和风险投资者应时刻注意"局部最大限度"。 在数学中，最大值和最小值通常指函数的最大值和最小值。 如果这些值是在某个确定范围（比如时间范围）内测量的，那么它们就被称为局部最大值和局部最小值。

局部最大值概念已应用到商业上，指特定时期或商业阶段内的最高价值。 例如在展示产品前，你的公司局部最高价值可能是100万美元，但在公司实现100万美元的销售额后，公司局部最高价值可能达到500万美元。 你可以说："嗯，500万美元大于100万美元，那么我不妨再等等，之后再寻求变现。"但是，如果考虑到提高产品交付能力、产品销售能力和客户支持能力时所面临的风险，以及做好这些方面所需要花费的时间和金钱，接受100万美元的销售前最高价值报价可能是更明智的做法。

企业家往往对风险有更高的容忍度，对价格以外的精神回报和

_____

① 资本结构是指企业各种资金的构成及其比例关系。

所有权更为看重。 管理投资组合的风险投资者可能也更喜欢掷骰子，而不是接受提前出售。 然而，员工、个人投资者和后期投资者想法不同，可能更愿意尽早退出。 这种潜在的冲突凸显了你需要权衡所有相关者的利益，以决定如何实现局部最大价值。

一个好的经验法则是永远不要立刻拒绝要约收购（尽管可能之后会选择拒绝）。 最起码，这是一个将局部最大价值与投资者和团队风险偏好进行对接的绝好机会。

法则 90

企业不但可以被收购，还可以出售

    成功的出售需要有积极而有兴趣的买家。 不过，把你的企业贴上"待售"标签基本上就意味着贱卖。 想把公司卖得值钱，就必须要找到有动力的理想买家，而要找到这样的买家则是一个有条不紊的过程。 通常董事会和投资者对于出售公司没有什么直接经验，他们可能以为对己方有利的出售只能由收购方提出，卖方再怎么努力也无济于事。 他们反复强调"公司是用来买的，而不是用来卖的"这句格言。 不过，要确定谁是捕食者、谁是猎物，并不总是那么容易。

    在明确的竞争环境中，传统投行业务流程非常适合那些收入、利润率、利润和现金流量等财务数据详细的企业，潜在买家也可使用信息详尽的备忘录进行分析。 大型战略收购者通过雇用银行家和内部并购团队来维护成熟企业的滚动数据库，以更好确定有吸引力的收购目标。

    然而，相对成熟企业而言，出售一家初创企业需要一切靠自己。 最好是把收购方面的准备作为一项日常任务，根据以下 7 个步骤定期跟进，以确保自己在机会来临的时候做好准备。

第一步：确定收购方；

第二步：确定影响者和决策者；

第三步：确定关键收购指标；

第四步：研究先前交易；

第五步：准备材料；

第六步：进行交易对接；

第七步：做好准备。

接下来的章节将详细讨论以上步骤。

法则 91

与其消极等待，不如主动出击

可以去寻找那些有过业务接触或可能从收购中获益且资本充足的大型企业，它们很可能有兴趣收购你的公司。这些企业可能需要你的产品满足现有客户需求或者抵御竞争，可能因缺乏创新能力而需要你的团队，也有可能在打你客户的主意：想把他们变为自己的客户，或阻止他们转向竞争对手。

它们可能拥有能够快速扩展业务的基础架构，在不增加成本和管理费用的基础上就能为公司增加价值。如果它们能够通过削减成本来增加利润，同时利用现有业务杠杆来快速增加营收，那么增值就实现了。累计收购最有意思的是，收购方的价值倍数会随着利润增加而立即放大。股东们当然乐见其成。

收购方也可能对你本身和你的愿景产生兴趣。因为创新型领导并不多，大企业总在寻找能够独当一面的人才。战略收购加强了原公司的领导地位，使它们有机会向新方向拓展业务，以抵御规模较小、更具创新性的竞争对手。

确定潜在收购者后，需要进行排名。确定哪几家是行业领导者，哪几家很有竞争力，哪几家又是行业新手。你需要了解驱使它们做出决定的竞争心理本质。 业内排名第三的企业 CEO 可能需要一些外部刺激，才能将公司推向领先地位，并得到公众市场的更高评价，而排名第一的行业巨头则不需要任何刺激。 排名第三的可能对战略收购更感兴趣，而排名第一的可能正在寻求增值收购。因此，排名第三的企业可能愿意为初创企业支付更高溢价，也很有可能很快倒闭。 而排名第一的企业如果意识到其在竞争中面临着创新带来的威胁，它们可能会愿意为一支伟大的创新团队和前沿技术付出更多代价来捍卫江湖地位。

理想状况是先让最具侵略性的竞争者参与进来，然后与业界领袖接触，看看它们是否有兴趣通过收购来维持地位。 如果你只有一个感兴趣的买家，那意味着是你在卖东西；而如果你有两个或更多买家，则意味着是他们在买东西。 竞标当然是必需的。

以位于加州圣巴巴拉的大数据分析公司 Graphiq 为例，该企业由一位精明能干的持续创业者凯文·奥康纳创建。

凯文取得了一系列成功，包括收购 DoubleClick 公司（但该公司最终以 31 亿美元的价格被卖给谷歌）。 凯文为 Graphiq 定的方向是关注产品信息和买家决策之间的重要联系。 换句话说，在用户准备做出决策时，为他们提供更多产品和服务信息。 他认为，大数据和算法是必要的，但还不够。 Graphiq 使用人工编辑来缩短客户在决策时的挣扎时间。 该公司起初是个消费者比较网站，后来向出版商提供说明性内容服务。 虽然生意稳步增长，但对凯文来说还不够快。 因此，2016 年，他决定探索出售公司的可能性。

他聘请了一位投资银行家来帮助寻找潜在收购方。 他们先从出版行业开始看起，因为那里有少数具有前瞻性思维的领导者，而且 Graphiq 与很多业内领袖有联系。 但是，他们找到的多数目标都在努力应对不断下滑的出版业务，没有一家公司对技术拥有足够信心，能在一个致力于机器学习而非现有模式的战略上押下重注。

因此，Graphiq 重新评估自身优势。 其核心资产是基于大数据的机器学习算法、算法产生的知识图，以及能优化算法的杰出团队。 恰好 2016 年，谷歌助理(业内第一)和亚马逊的 Alexa(业内第二)在语音驱动智能助理领域的竞争升温，并蔓延到苹果、微软和三星等公司。 这些都是规模巨大、技术精湛的激进企业，它们在一个巨大而有价值的市场中互相竞争。 而在这场战斗中，Graphiq 发现了一些更有前途的潜在收购者，它们可能会对自身技术和团队感兴趣。

这个例子清楚说明你应该把目标列表看作一个有生命的文档，并根据企业和市场的发展定期更新它。 不要把自己局限于那些显而易见的目标，尤其是在市场瞬息万变的情况下，那是收购者正在做的事情。 而你，作为他们感兴趣的潜在目标，应该在他们行动的时候做好准备。

法则 92

卖掉企业前先了解收购方决策者

每家收购方都有其内部流程，其中最重要的是一位或多位收购决策者。如果希望引起收购方注意，你需要了解这些决策者及其决策方式。你要了解他们的董事会成员、管理团队、并购团队、外部顾问、银行家和律师，因为这些人都可能参与收购过程。咨询一下自己的董事、顾问和投资者，很可能你会轻松联系上这些有影响力的人。毕竟这就是你选择他们作为公司生态系统成员的原因之一。请他们做一些必要的引荐，适时说几句好话，这样你就能在适当的时候建立正确的联系。

其次，分析每个收购方的内部决策过程。他们如何确定潜在收购？谁负责建立这些关系？他们如何筛选收购机会？他们如何评估企业并购流程？谁负责把关评估机制？实际上的最终决定由谁做出？这个过程需要多长时间？

多跟那些将公司卖给收购方的人士和没能成功卖出的人士交流。还应该多跟收购方或被收购方的专业代表人士交流，比如律师、投资银行家、会计师及有相关经验的前雇员等。

由于某些信息可能很敏感，强烈建议亲自去会面，还能顺便建立一些互惠互利的个人关系。 另一个好处是，每次咨询时，你还有机会推介和宣传自己的公司。 有时候这种做法有助于引起收购方关注。

就目前而言，整个过程都未与潜在收购方直接进行交流。 你需要的所有信息通常都是公开市场信息，找一些外部联系人不会引起太大关注。 这种旁敲侧击不必太过正式，随意一些就可以，因为收购方的正式询价一旦开始，你可能会马上面对一些还没准备好或暂时不想回答的问题。

回过头来再说 Graphiq。 确定有兴趣与亚马逊、谷歌、苹果、微软或三星联手后，公司领导人需要找到与这些企业对话的最佳方式。 他们与每家美国企业都有联系，但却是通过出版业务，而非大数据业务。 所以建立新联系很有必要。 现有联系人可以帮助确定组织决策者，并愿意适时说好话。 董事会成员则帮忙选定了合适的高层决策者。 银行家们也将联系人添加到列表，并与每家收购方交流近期经历，这样凯文和他的团队得以了解每家公司如何做出收购决定。 律师提供了每家收购方最近的收购事项和相关联系人。 Graphiq 知道了决策者是谁及每家收购方的收购流程。 这也为下一步做好了准备。

法则 93

确定合适后再联系收购方

你需要知道收购方通过收购想要寻求什么。 这看起来像是读心术，但事实并非如此。

仔细阅读收购方所有的分析报告、收入记录、新闻发布、采访实录和会议报告。 在这些材料中他们会讨论过去进行的收购性质，并时不时展示成功记录。 这样你可以找到更多人帮你对收购方进行尽职调查。

此外，这些材料还会列出收购方正在对投资者和分析师说明的情况，这样你就可以了解到他们所期望的业务走向和估值方法。收集自己公司的相关情况和指标，与所了解的收购方优先事项进行对比。 问问自己如果收购者收购了自己公司，会如何加快或改进业务发展。 如果达不到收购标准，那就很有必要了解怎么做才能让收购者满意。 这样你就能排出相应时间表，更加明确地执行策略。

Graphiq 首先需要了解每家收购公司的大数据分析策略和方法，以确定如何为对方增加价值。 亚马逊最近宣布了其 Alexa 业务的成功。 谷歌也不甘示弱，紧随其后大举投资谷歌助手及家用产品，与 Alexa 展开竞争。 苹果已拥有 Siri，虽然还没宣布意图，但观察家们都很清楚苹果已在进行类似努力，即制定家庭战略。三星也在迎头赶上。 市面上已有新闻发布和分析报告详细介绍了每家公司所采用的智能助手策略。 有趣的是，对 Graphiq 来说，大数据和机器学习业务正迅速成为人工智能的宠儿。 通过研究，Graphiq 了解到这些巨头都在积极应对家庭语音驱动智能助理的挑战。 凯文也掌握了每家公司能如何从 Graphiq 提供的产品中获益。

在思考收购对自己能产生什么好处之前，先去了解收购能为对方带来哪些好处。

法则 94

详细了解收购方的历史收购

虽然不能完全依赖过去推测未来，但了解历史收购确实有助于获得收购方及其常见收购方式的宝贵信息。 你可以研究不同收购方的历史收购价格。 这些属于可比交易，能让你了解公司的价值。 回顾这些信息有助于确定公司在不同阶段做什么事情才能升值。 要特别注意收购方在以往收购中对投资者或分析师提出的商业理由。 类似说法是否适用于你的业务？ 去衡量一下，在分析师和行业观察人士眼中什么样的收购才是成功的。 收购方在交易中获得了哪些战略价值？ 收购方是否成功整合了风险投资，还是任其自生自灭？ 比如，被收购公司的管理团队是作为一个整体留在新公司，还是很快离开去做其他事情？ 这些细节很能说明问题，曾因成功而获利的收购方更有可能去积极寻找更多收购对象。

把发现告知董事会，让他们帮你取得收购候选资格。 董事会很可能对潜在估值最感兴趣，回顾历史数据将有助于调整预期。如果处在不合时宜的阶段或市场周期，或目标收购方不太愿意支付预期价格，那么越早知道越好。 战略收购方可能对资产有明确的估值上限，而对那些没有长期业绩证明，或无法提供可持续利息、税项、折旧及摊销利润或自由现金流等财务数据的企业尤其如此。如果一家企业无法立即为收购方增值，许多收购者会倾向于放弃。即便你决定当前不出售企业，拥有相关数据并公开讨论收购选项也会让你受益。

银行家及董事会为 Graphiq 提供了每个目标收购方未公开、非机密的历史收购信息。在这个环节，你会发现寻找合适投资者和组建最佳董事会的一切努力都是值得的。正是因为凯鹏华盈与每个目标收购方都有互动，才能形成独特见解。而其向 Graphiq 推荐的银行家们则掌握着市场交易的详细信息。董事会的其他成员也就所知发表了见解。结合公共和私人信息——行业洞察力，Graphiq 得以明确地了解每个收购方。这样，意向中的收购方就浮出水面了。此外，Graphiq 还了解到每个收购方成功留住和激励人才的方式。于是，优先收购者的排名变得越来越清晰。

法则 95

提高知名度

要是人家不知道你是谁，没人会买你的账。 你必须谨慎行事，最大限度利用每个机会，只在绝望时才可孤注一掷。 要是收购方从别人那里对你有所了解，那就最好不过了。 与营销和公关人员一起想办法，尽量获得媒体关注。 你可以与分析师进行交谈，详细阐述自己所从事的业务，表达自己对行业前景的看法。 如果他们有什么问题，你应该快速明确地进行答复。 只有这样，你才有可能出现在他们所撰写的文章和报告中。 决策者往往会仔细阅读行业新闻和分析师报告，以跟踪领域内的重要进展。

多去参加会议，特别是有收购方出席的会议。 通过撰写文章和接受采访来确立自己的思想领袖地位。 多发布技术和产品方面的白皮书，产业生态会为你代言并将你推荐出去。 我们的目标就是制造轰动效果以吸引每个人的关注。

不过，需要注意一点：不要只在场面上包装自己，不要丧失自我。 有些人天生外向，而另一些人则偏于内向。 多做对你来说自然的事情就可以了。 如果你喜欢站在聚光灯下，那就登上舞台、多上头条。 如果你想成为思想领袖，那就多发文章、多跟分析师交流。 你当然不会喜欢被他人视为爱出风头、沽名钓誉之辈，但适当做些事情有助于提高知名度，看看是否有人在关注你。

Graphiq 公司一直保持低调。 凯文不是个喜欢迎合媒体的人。行业所尊重的是公司成就，而不是公司形象。 但现在是时候引起一些关注了。 Graphiq 向分析师们解析了其技术和愿景。 凯文团队也联系了商业出版社以宣传公司的发展和成功。 他们做了一件很有创意的事情：制作一个视频。 一开始他们找到了一种合法入侵 Alexa 的方法，并拍摄了工程师使用 Graphiq 知识图（非亚马逊知识图）进行查询服务的视频。 结果令人震惊。 Alexa 的智商似乎提高了 100 个点。 Graphiq 找到与亚马逊有着长期合作关系的凯鹏华盈投资公司，让他们将视频发送给亚马逊公司，这给后者留下了深刻印象。 凯鹏华盈与谷歌也同样关系密切，非常熟悉包括副董事长在内的三星领导层。 此外，由于最近几笔交易，凯鹏华盈的业务开发团队与苹果的业务开发团队也频繁接触。 在微软，凯鹏华盈可以直接联系到比尔·盖茨。 如今，通过这些联系，Graphiq 可以直接得到目标收购者的关注。

法则 96

对潜在收购方保持热情，
多打电话

是时候开发和准备促销材料了。 在信封背面印上业务案例不失为一个好办法，哪怕是与收购方代表随意会晤时，也能加以讨论。 当然靠这来说服对方进行收购可能性不大，只不过是吊吊胃口而已。 因为这本身就不是个议案，可能是一页简介，或是用于自我描述的销售包装，或是一些令人印象深刻的指标。 以潜在客户或合作伙伴的身份去接触目标收购者，不要表达打算出售公司的意愿，这样反而容易以自身心理价位来卖出公司。

做好充分准备后就可以联系收购方的决策者了。 和他们一起喝个咖啡，或让利益相关方组织有收购方代表出席的午餐或晚餐。在商业活动中"撞见"他们。 确保他们了解你和你的企业，欣赏其战略价值，这样他们就会热切地关注你的进展。

在这样的偶遇中，保持倾听也很重要。 你可以直接了解到收购方对你业务和收购方式的看法，可以研究对方的历史收购并据此完善自己的最初想法。 这样你可以进行一定的资质选择，而且如果对方确实合适，你还可以根据他们的兴趣具体圈定未来的讨论话题。

　　用电子邮件和汇报进展的材料来跟进。　询问你们如何进行合作并仔细聆听他们的答案。　建立业务关系的一个有效方法是询问你能为他们做些什么。　当然，要确保在自己力所能及范围之内。如果对方觉得你是有用的，当然会继续关注你。　仅仅与决策者会面是不够的，只有给对方留下深刻印象并建立良好关系，对话才会继续。

　　在董事会和银行家们的大力推介下，Graphiq 开始敲门。　他们动用异地联系人向目标组织的决策者为公司说好话。　他们带着信息简报和材料，跳上飞机拜访收购方，去解释他们是谁和前进的方向是什么。　他们假定目标方对知识图一无所知。　令人惊讶的是，他们研究准备了那么久，所讲述的故事不是关于消费者决策和产品发布的，甚至与大数据都无关；整个故事以知识图和人工智能为中心，讨论了自身技术和知识，重点放在才能和领导力方面。　刚开始会议时，他们并没有提出收购建议，而是谈论了伙伴关系、双方合作甚至投资可能性。　但自然而然，他们就敲开了收购的大门。

法则 97

随时做好准备

当需要越过界限进入真正的收购讨论时，要做好准备。 如果工作做得很好，整个过程很有条理，收购者应该会给你打电话。

收购谈判有着非常自然的过程和节奏。 如果你已经尽了最大努力，花几个月时间却没能得到收购方关注，那么这事基本上就黄了。 但如果你发现对方开始像你一样频繁主动联系，那么不妨谨慎一点。

如前所述，任何退出估价通常都有一个局部最大值，这既取决于企业的发展阶段，也取决于外界对企业潜力的看法。 你可能认为自己生意还不够强大，无法获得成功。 但是，市场竞争变化会把一个生意岌岌可危的企业变成一个具有吸引力的收购目标，这种情况并不罕见。 是技术和团队，而非收入或客户，让企业吸引了关注。 你可能创造了比财务价值更多的期权价值。 无论如何，价值就是价值。 当你觉得公司战略和/或财务价值已达到顶峰，所有利益相关者都有时间考虑替代方案并赞成交易，那就是出售企业的最佳时期了。 这就是为什么你需要充分准备，让董事会和投资者一起经历这个过程。 你不会想要到最后一刻才说服他们，让他们在收到报价时匆忙做出决定。 利益相关方通常不会用一个声音说话，每个人都有自己的考虑。 给他们一些时间来消化和思考。

即使公司没有正式出售，在你、团队和董事会之间积极讨论探索这个话题也是很重要的。 这个过程，如果做得好，并不妨碍你独自创业，它只是让你在时机合适时最大限度地利用可能发生的变现机会。

Graphiq 快要走到终点了，这个过程已经进行了 7 个月。 所有可能收购者都表达了兴趣。 凯文向董事会持续通报会谈进程、相关对比和各种备选方案，董事会则完全支持向前迈进。 银行家们充当了与每个目标进行讨论的关键点。 凯鹏华盈提供了与收购方沟通的支持渠道，以确保翻译过程不出任何问题。 如今，Graphiq 正在花大量时间与决策者会面，并在其总部（顺便说一下，总部就在海滩边的一座小山上，天气晴好时 Graphiq 团队会在山下冲浪）接待尽职调查团队和运营经理。 凯文的丰富经验使他特别敏感，尽量不给公司带来过高期望，这些期望可能会落空，他必须亲自带领他们从幻想中走出来。

每个收购方以不同方式对待机会。 当银行家们确定收购方给出最终报价的期限时，收购方们开始出现分歧。 当一个收购方抛出低报价时，Graphiq 会让其他买主获悉，但不透露任何细节。 他们坚决不透露任何细节，因为不想因被视为交易而失去团队的宝贵信任。 但他们通过"购买"而不是"拍卖"策略来明确预期。 确定火车即将离站时谈判变得严肃起来。 Graphiq 继续公开期望，当每个收购方试图反过来赢得这笔交易时，Graphiq 让他们知道，除非其中一方达到要价，否则那是不可能的。 如果交易不成，他们将去拍卖并随后评估选择。 他们意见明确，如果金融条款不够丰富，那可能根本就不卖。

结果，在最后时刻的深夜讨论中，一个收购方咬紧牙关达到了 Graphiq 的要求。 碰巧这也是 Graphiq 的第一选择：亚马逊。 长短 10 个月的传奇故事，经过对最终协议的激烈谈判而迅速收尾，Graphiq 现在是亚马逊内部一个非常快乐和有生产力的团队，致力于使 Alexa 成为同类第一，并通过人工智能和机器学习方面的专业水准为亚马逊其他部门做出贡献。 一个幸福的结局，一个崭新的开始。

法则 98

成功不会一帆风顺

　　每一天，前进一寸都是一场艰苦的战斗。 所有成功的企业都会至少经历一次跌宕起伏，其中一些甚至在成为备受瞩目的上市明星前濒临破产。 想想特斯拉在 2008 年差点死掉的经历吧。 当埃隆·马斯克的初创企业陷入深渊，只能看到最后一丝残留利益时，戴姆勒投资了 5000 万美元，让特斯拉得以重新振作并唤起投资者和客户的想象力。 也不要忘记苹果曾向微软申请过一笔贷款，如此乔布斯才能在 1997 年重返苹果继续工作。 我们都知道结果如何。

　　然后是 Twitter(推特)，这家由杰克·多西和埃文·威廉姆斯创建的"凤凰"企业在失败的播客初创公司 Odeo 的灰烬中获得了重生。 马克斯·列夫钦和彼得·泰尔的 PayPal 之前只是打算做安全业务的 Confinity，之后才转向支付业务。 谷歌跟网景公司一样，只是个普通的搜索服务提供商，为互联网门户网站提供搜索服务，后来在迫不得已的情况下发明了搜索结果付费广告，而其他业务都已成为历史。

　　尽管有很多不确定因素和挑战，你还是可以战胜困难。 掌握基本原理，比如创建两个商业计划，领导一支爵士乐队——改变高管、像疯子一样去管理。 你应该先找到使自己的信心得到跨越式增长的前提，再一边小心翼翼地完善自己的前进之路，一边权衡利弊、发掘事业。 只有在消除风险并达到关键里程碑时才能扩大企业规模。 尽量省着点。 只雇用精英并确保让他们快乐。 有条不紊地把想法发展成一个产品，让产品进入市场，把市场融入生意。选择合适的投资者。 在筹集资金方面放聪明点儿。 组建并管理好一个优秀的董事会。 寻找最佳的变现机会。

如果不注重基础，那就相当于是在掷骰子。 如果失去纪律，可能会在到达开阔水域之前触礁。 糟糕的董事会可以像糟糕的产品一样迅速地摧毁公司。 而错误的投资者可能会在错误的时间背叛你。 保持消息灵通、随时做好准备并提前警告自己。

控制你能控制的（例如，上面提及的一切），明智应对各种风险，以最大限度提高成功机会，并尽量减少痛苦。 当你知道投资者和董事会的想法时，你就能更好地与他们合作。 有时候聪明人也会做傻事。 但有时候只是你觉得聪明人做的事很傻，要是知道他们这么做的原因，你就会觉得挺有道理。

当挫折真的发生时——而且一定会发生——记住旅途永远不会一帆风顺，每个企业家都经历过。

你并不孤独。

法则 99

为幸运期做好准备

　　路易斯·巴斯德有句名言："财富青睐有准备的头脑。"对企业家而言，没有比这更深刻的建议了。 或许你认为自己可以掌控命运，特别是当你过去撞过大运，就更容易把结果归功于自身。但经验表明，如果这世上没有意料之外的事发生，那么所有的聪明才智和辛勤工作都变得无关紧要。 要找到一个完全靠自我（排除一切外来因素）达成成就的人是很难的。

　　以伟大的史蒂夫·乔布斯为例。 1986 年，他从乔治·卢卡斯手中买下皮克斯——一个用于绘制数字图像的高端计算机系统。这项业务只取得了有限成功，乔布斯先是把皮克斯的主营业务改为个人电脑，最终又改为计算机图像渲染体系 RenderMan 软件包。但该公司仍在苦苦挣扎。 所幸，皮克斯在一位名不见经传的电脑动画师约翰·拉塞特的指导下创建了一个小型动画小组，靠制作演示来展示其技术水准。 随着皮克斯的前景变得黯淡，拉塞特也开始为客户制作电脑动画广告以维持公司运营。

　　碰巧皮克斯和迪士尼也有业务关系。 作为迪士尼工作室的主席，杰弗里·卡森伯格肩负着以《小美人鱼》《美女与野兽》等热门影片复兴动画片的使命。 他想创作一部电脑三维动画电影，并试图招募拉塞特来当导演。 具有讽刺意味的是，拉塞特多年前就被迪士尼解雇了，正因如此才开始为皮克斯工作。

皮克斯的第一部电影《玩具总动员》全球票房收入高达 3.73 亿美元。 前 5 部皮克斯电影总票房高达 25 亿美元。 这是一个前所未闻的现象，最终导致 2006 年迪士尼以 74 亿美元收购了皮克斯。 乔布斯没能变出戏法，但其实他已经做好充分准备来变出戏法。

我们继续说说乔布斯。 1985 年被逐出苹果公司后，他创立了 NeXT 软件公司，制造商业和教育计算机工作站。 但这家公司仍举步维艰。 乔布斯试图出售这家公司，但未能成功。 1996 年，苹果公司试图寻找新的操作系统，据说本来打算以 2 亿美元购买其前工程副总裁让-路易·加西创建的 Be Inc. 公司。 然而加西的要价超出了苹果的预期。 苹果犹豫了一下，就在那一刻，乔布斯的运气改变了。 他向苹果放出信号——自己会以 4.29 亿美元的低廉价格出售更有价值的 NeXT 公司。 乔布斯先是加入苹果公司担任顾问，最终以首席执行官的身份回来，以引领公司前所未有的技术创新和财务成功。 再一次，是加西而不是乔布斯为苹果创造了机会。 但当运气好转时，乔布斯跳了出来。

没有任何贬低乔布斯的意思。 他是个产品和营销天才。 但如果当初拉塞特加入了迪士尼或者加西接受了苹果公司的报价，那么今天的情况会大不一样。 标志性的工作可能是一个脚注。 乔布斯无法创造运气，但当运气转向时，他拥有充分利用运气的人才和策略。

乔布斯的对手比尔·盖茨也对好运并不陌生。 1980 年，微软在编程语言方面领先于个人电脑行业。 决定进入个人电脑市场后，IBM 为在其个人电脑上使用微软语言的授权问题联系了盖茨及其联合创始人保罗·艾伦。 会面时，IBM 向盖茨询问了个人电脑项目适用的最佳操作系统。 盖茨把他们介绍给了 CP/M 操作系统的所有者、数字研究的加里·基尔德尔。 当时市面上有很多破旧的个人电脑，而 CP/M 是其中市占率最高的操作系统。 盖茨亲自为双方牵线搭桥。

IBM 访问数字研究时，基尔德尔却缺席了。 据称他正在驾驶飞机，也有人说他是去海湾地区出差了。 IBM 团队向其妻子多萝西·麦克尤恩提出一份典型的单方面保密协议，作为讨论许可前置条件。 麦克尤恩拒绝签署，IBM 团队只好离开。

这就是盖茨所需要的运气。 IBM 就替代操作系统与他联系。盖茨认识一家名为西雅图计算机产品的小型个人电脑硬件公司，该公司为最新的英特尔处理器开发了 QDOS 系统。 盖茨打电话给西雅图计算机产品的所有者罗德·布洛克，以 1 万美元的价格买下了QDOS 的使用许可，并允许其向微软许可的其他公司收取一定的额外费用。 盖茨的副手史蒂夫·鲍尔默向 IBM 介绍了 QDOS，并询问其是否愿意购买，但 IBM 拒绝了，因为他们希望 IBM 个人电脑是一个开放的平台。 于是盖茨的好运来了。

IBM 最终支付给微软 43 万美元，其中 4.5 万美元用以购买最终被称为 DOS 的微软操作系统。 IBM 本希望花更多钱独家买下版权，但盖茨明智地保留了将 DOS 卖给其他公司的权利。 第二年夏天，盖茨以 5 万美元直接买下 QDOS 操作系统，接下来就与西雅图计算机产品公司无关了。

盖茨无法安排基尔德尔缺席，也不可能安排麦克尤恩拒绝签署保密协议。 但当机会出现时，他不惜一切代价购买替代操作系统，并与 IBM 一起将 DOS 出售给个人电脑克隆行业。 他为幸运期做了充分的准备。

还有谷歌。 早期，公司受运气影响很大——也就是说，坏运气。 拉里·佩奇和塞吉·布林的第一个商业模式是把搜索引擎提供给像 Netscape 这样的互联网门户网站。 门户网站通过用户赢利，并将少量费用分给谷歌。 但坏运气是门户网站无法将快速增长的搜索快速变现。 谷歌赔钱了，他们需要做更好的生意。

佩奇和布林考虑在搜索页面上放置横幅广告，但他们自己也讨厌这种用户体验。 当时另一家名为 GoTo.com（后改名为 Overture）的公司向在搜索结果中排名前列的广告商出售广告位。 问题是，用户看到的搜索结果是根据广告客户付费多少来排名的，而不是根据搜索相关性排名。 Google 调整了这个想法，把算法相关搜索结果放在页面左边，付费搜索结果放在右边。 最终正是因为佩奇和布林的坏运气，即当时门户网站无法跟上谷歌搜索引擎的巨量库存，关键词竞价广告才取得了巨大成功。 但如果谷歌没有充分准备好团队和技术，提供最好的系统搜索结果，以获取搜索引擎用户的最大份额，它就不会成功。

幸运确实眷顾有准备的人。 这个推论也是正确的：如果没有一点好运气，一个有准备的头脑是不会成功的。 聪明与否并不取决于能否让天下雨，而意味着是否准备好应对突如其来的暴雨。当运气发生变化时，抓住机会是一种强大的技能。 职业赌徒善于鉴别运气，他们能够敏锐判断运气何时好转，适时增加赌注以谋生。 优秀不是成功的充分条件，而是一个必要条件。 要取得成功，你还需要一根运气钓竿。 我们并不是在盲目等待好运，而是在谈论如何管理运气。 当然有时候财富会从天而降意外地砸在人身上，但这并不是经营企业的方式。

法则 100

牢记规则以适时打破规则

新手疯狂学习规则，老手致力于完善规则，而大师则忘记规则。

自中世纪以来，风险投资和创业精神几无变化。风险投资界正在培养越来越多的新手，而像汤姆·帕金斯这样的大师却寥寥无几。

本书中的规则经历过实践考验。熟悉它们将帮你在问题出现之前发现问题。直觉不仅来自本能的快速思考，更来自凭借知识得出的良好判断。

多数规则是针对一般情况而制定的，注定要在需要的时候被打破。我们的规则没有什么不同。让这些规则成为你做出艰难决定时的试金石，而不是阻碍前进的拦路虎。当面对新问题和新机遇时，只有你自己能决定使用、修改或忽略哪些规则。

你可能会发现有一两条规则是自己坚决不同意的。如果你能对自身经验深思熟虑并得出一个相反的结论，那么这本身就是我们的初衷所在。当然，不要把个案误当作指导原则。

我们很少能完全达到预期的业务目标。 妥协并不是一个肮脏的词。 但如果对别人曾经做过的事有所了解,你最终会做得更好。 对规则烂熟于心就会无所畏惧,相信自己的直觉,掌握了所有这些规则后,去制定自己的规则。

基本法则

热爱创业可以有很多理由。 企业家的生活致力于创造。 他们追求激情，挑战现状，以自己的规则创造未来，并能在这个过程中积累财富和权力。 他们拒绝生活在宁静绝望的环境中，在死气沉沉的办公室里为"领导"朝九晚五地工作。 他们有一种独立感。 随着名声的积累，地位也就随之而来。

像新新人类穿上紧身牛仔裤、把头发染成各种颜色那样，平庸的传统公司试着通过提供开放式的办公环境和桌式足球来吸引人才，但许多年轻人更喜欢带上名片，宣称自己是个初出茅庐的首席执行官和创始人，哪怕在一幢创业写字楼里租个 10 平方英尺（约 0.9 平方米）的小隔间，与其他三位联合创始人挤在一起。 没钱提供免费午餐，那就发放能量棒；没有美味可口的食物，那就吃营养代餐。

在外人看来，创办一家公司似乎很容易。 似乎早上起床后灵机一动，把想法告诉朋友，说服一两个合伙人，挑选顶级风险资本投资，制造一款产品，获得大量订单，最后把公司卖给出价最高者就可以了。

但我们知道事实并非如此。

想成为企业家的人固然可以从大量的书籍、视频、播客、博客和Twitter 中快速学习如何构思，制订商业计划，展示前景并筹集一些初始资金，但余下的事情就微妙了。如何执行计划？领导团队的最佳方式是什么？如何选择合适的人？如何区分投资者？如何判断最合适的投资者？如何筹集适量资金真正成立一家公司？什么是董事会？为何需要建立董事会？如何管理董事会成员？如何才能退出？退出和变现有什么区别？我更喜欢退出还是变现？除了这些至关重要的问题，还有无数问题，比如：怎样接受一个想法并将它变成产品？如何接受一个产品并据此建立一家公司，并将该公司转变为成功企业？

你不能靠做梦来创建一家公司，你得仔细考虑细节并管理运营。你得关注每一分钱，知道从哪里可以取得收益。你既要经历顺境，也要经历逆境。你得找一大群值得信赖的顾问、教练和董事来确保自己走在正确的道路上。你没时间白日做梦，只能工作——努力工作。

贸然进入创业世界可能会掩盖最重要的问题。这引出了我们最喜欢的法则。亲爱的读者们，你们既然已经看到了这里，说明你们具备足够的创业精神，所以我们把最爱的一条法则放在了最后。

核心法则：不断寻求原因

为什么做这个？为什么你做这个？为什么现在做这个？

这些问题难倒创业者的频率令人吃惊。长时间的停顿后，他们可能会用愿景来回答，或重复自身使命，也可能是简单地说"因为这将会赚很多钱"。但这些都不是我们想要的答案。

我们想知道是什么让你心动。我们想知道你为什么在乎，为什么希望我们也在乎。我们想知道，为什么在所有看得到的机遇和挑战中，你的机遇最为重要，而且可以走向成功。

不要以为有人想给你个惊喜而去准备这些问题；你需要回答这些问题，因为它们是你选择创业生涯的基础。随着身边天才级的亿万富翁不断涌现，我们需要你对"为什么"给出一个清晰的回答。

经济上的成功带来权力，权力会产生特权或责任。二者你选择哪个？这个世界不需要更多特权企业家或风险投资家。我们相信，如果成功有任何意义，那就是履行你对他人的责任。要有所作为，而不仅仅着眼于蝇头小利。

要了解为什么这个生意对你很重要，为什么对其他人也应该是重要的。而且，既然任何生意的成功概率都很低，为什么失败仍是值得的？当然你不想失败，成功总比失败好。但如果失败了，你会觉得浪费了时间，还是打了一场漂亮仗？

一位伟大的企业家不仅需要有聪明的头脑，还要坚韧不拔，充满激情。但伟大的企业家也需要有所证明，有所反抗，有更大的使命去完成。

我们希望这本书能让你更多地了解怎样才能取得成功。如果说我们做得不错，那么这些法则将帮你更快战胜困难。你可以在这100条的基础上创建新的法则，并像汤姆·帕金斯、前一代企业家和我们这样，与他人自由分享。

最重要的是，我们希望读者能通过成功创造价值，而不是评估价值。如果成功让你感觉优于他人，你很容易丧失人性。

精通可以带来快乐，而卓越产生自豪。 成功当然会带来满足感，但为他人创造价值和帮助他们发挥潜力，才是真正充实而有意义的事情。 归根结底，成功的企业家精神是人类潜能的胜利。

20世纪90年代科技泡沫时期，我一位睿智的朋友当了一周左右的亿万富翁。 他曾告诉我，如果能拥有想要的任何东西，那就没有什么是有价值的。 你没有可以做出选择的机会。 而如果一切都没价值，那么你也当然没有价值。

我们希望这些法则能帮你在事业上、社区里、生活中做出改变。 如果你有企业家天赋，有创造的才能，请将它们发挥出来让每个人都变得更好。 传递下去，帮助下一个人充分发挥其潜力，与整个世界分享成功带来的好处。

脚踏实地，经常问问自己用什么来保持头脑清醒。 企业家精神之所以很重要，是因为它能让世界变得更美好。 所以，值得为它付出所有的血汗和泪水。

兰迪寄语：

　　没有詹通，这本书就没法出版。这是一次获益颇丰的合作，在整个过程中，我对他的钦佩和尊敬一直在飙升。我可爱的妻子黛布拉·邓恩展示出敏锐的洞察力和非凡的编辑能力。她的鼓励和建议使这本书超出了我的预期。能与我的编辑霍利斯·黑姆布奇重聚真是太高兴了。她的专业和友善从未让我失望。她是最棒的。我的朋友和同事埃里克·凯勒、格雷格·伍克和李维·金提供了宝贵的早期反馈，让我们确信值得为这本书努力。凯鹏华盈的队友们，特别是我的长期伙伴贝丝·赛登伯格、泰德·施莱因、约翰·杜尔、宾·戈登和布鲁克·拜尔斯，多年来慷慨地为我提供了大量书籍。艾琳·朗斯是我信任的伙伴，总是让我朝正确的方向前进。有幸共事的杰出企业家和高管们也教会了我许多关于生活和商业的秘密。还有我的宠物萝拉和鲁弗斯，它们日复一日地躺在我的脚边。它们虽然不知道我做了什么，但我知道它们同样爱我。

詹通寄语：

　　没有任何语言可以形容我对兰迪的感激。有你作为导师，我感到既谦卑又自豪。再华丽的话语都不够表达我对你的感激,因为你一直在为我付出,让我成为一个更好的人。你是一位了不起的作家,也是合作的最佳搭档。我的导师和亲爱的朋友汤姆·帕金斯,我非常想念你们:你们的洞察力、智慧和诚实每天都在指引着我。还有我聪明美丽的妻子索尼娅:你让我在一切疯狂的挣扎中保持镇定。我的好孩子——埃里克、奥利维亚和马克斯,我最喜欢你们了。感谢霍利斯·海姆博的理解。感谢沃尔特·普莱斯、迈克·威尔和拉斯·安德森教我成为一名真正的经营者。如果没有你们对我的充分信任,我就不会是现在的我。感谢我亲爱的朋友迈克尔·林塞和高拉夫·班达里继续帮助我了解周围的世界。感谢肖恩·莫里亚蒂,你是一位真正的领导者和逆向投资者,感谢你对我一直以来的信任。非常感谢一直监督着我的同伴,你们让我保持诚实。